지 방 을 살 리 는

조 용 한 혁 명

|

고향사랑기부제의 현재와 미래

지방을 살리는 조용한 혁명 – 고향사랑기부제의 현재와 미래

© 현의송 2024

1판 1쇄 인쇄_2024년 01월 10일
1판 1쇄 발행_2024년 01월 20일

지은이_현의송
펴낸이_홍정표
펴낸곳_글로벌콘텐츠
  등록_제25100-2008-000024호

공급처_(주)글로벌콘텐츠출판그룹
  대표_홍정표 이사_김미미 편집_임세원 강민욱 백승민 권군오 기획·마케팅_이종훈 홍민지
  주소_서울특별시 강동구 풍성로 87-6
  전화_02) 488-3280 팩스_02) 488-3281
  홈페이지_http://www.gcbook.co.kr
  이메일_edit@gcbook.co.kr

값 20,000원
ISBN 979-11-5852-406-7 03330

지방을 살리는 조용한 혁명

고향사랑기부제의 현재와 미래

현의송 지음

고향사랑기부제 – 제2의 새마을운동

농협에 오래 몸담았고 농민들이 잘사는 세상을 만들어 보겠노라 마음 쏟은 날들이 많았던 사람으로서, 우리 농촌이 참 걱정입니다. 젊은 시절 함께 부대끼고 의기투합했던 농민들 몇이 허리 굽은 지금까지도 농사를 짓는데, 농사지어서 먹고살 만하다는 이야기 대신 머지않아 농촌이 사라지고 말 것 같다고만 하고 있습니다.

생각해보건대, 겉보기에는 농민들의 삶이 과거보다 개선되고 풍요로 워진 듯합니다. 하지만 도시의 성장에 비하면 농촌은 뒷걸음질한 것이나 다름없으며, 힘든 농사일에 대한 보상도 턱없이 부족하기만 합니다. 농가소득 구조만 보더라도 배보다 배꼽이 훨씬 커서, 정체 또는 감소 추세인 농업소득보다 농외소득과 공적·사적 보조금 등 이전소득이 훨씬 많습니다. 농사를 지어서는 살 수 없으니 젊은 사람일수록 농사를 지으려 하지 않고 그 결과 농촌이 비어가는 것이지요.

2023년 '고향사랑기부금에 관한 법률'이 시행되면서 농촌 활성화에 기대를 걸어보기도 했습니다. 그러나 시간이 지날수록 고향사랑기부제에 대한 관심이 식어가고 있습니다. 기부 건수와 기부액 모두 점차 감소하고 있다는 것입니다. 농촌을 살리고자 해도 백약이 무효인 듯 하니 참으로 안타깝고 암담한 일이 아닐 수 없습니다.

마침 농협운동의 오랜 동지이자 신토불이 운동에 변함없이 열정을 쏟고 있는 현의송 한일농업농촌문화연구소 대표가 일본의 여러 고장에 들러 고향세라고 불리는 고향납세제도가 어떻게 운영되고 있는지 살펴보고, 그 성공 요인은 무엇인지 분석해 책을 냈습니다. 우리의 고향사랑기부제가 일본의 고향납세제도를 참고해 만들어졌으니 제도 운영에 좋은 참고서가 될 것으로 기대합니다.

그러나 아무리 훌륭한 취지의 제도일지라도 자발적인 참여가 이뤄지지 않으면 성공에 이르기 쉽지 않습니다. 다행히 우리는 과거 새마을운동을 통해 자발적인 참여가 가져온 창대한 성공을 목도한 바 있습니다. 농민들이 잘살아보겠다며 스스로 떨쳐 일어나 초가집도 없애고 마을길도 넓혔기에 새마을운동은 지역사회 개발을 넘어 국가 발전의 밑거름이 되었던 것입니다.

고향사랑기부제가 성공하려면, 새마을운동 당시 농민들이 그랬던 것처럼 도시민의 자발적인 참여가 중요합니다. 물론 농촌지자체와 농협은 많은 도시민이 고향사랑기부제에 참여할 수 있도록 적극적으로 홍보하고 지원해야겠지요. 그런 점에서 이 책은 도시민과 농촌 지역 지자체의 공직자, 농협 임직원들의 고향사랑기부제에 대한 이해를 높이고 고향사랑기부제를 제2의 새마을운동으로 발전시켜 나가는 데 교재로서 손색이 없다고 생각합니다.

좋은 책을 낸 현의송 대표의 노고를 치하하며, 고향이 있거나 제2의 고향을 가지고픈 분들 그리고 지자체의 공직자, 농어촌의 지도자, 농협 임직원들에게 이 책을 꼭 읽어보실 것을 권합니다.

2023년 12월

전 한국농업협동조합중앙회 회장 한호선

내 고향 광암은 꿈속의 유토피아
자운영 보드라운 융단도 꿈에서나 펼쳐볼 뿐
이제 잠 깨고 되찾아 살고 싶네
먼 옛날 소년처럼 그 옛날 소녀처럼
냇가에서 대방구 잡고 번덕지에서 소 뜯기며
나 여기 살고 싶네

-자작시 중에서

"나라의 독립은 투쟁으로 쟁취할 수 있다. 그러나 그 속에 있는 마을은 한 번 파괴되면 회복이 불가능하다. 마을은 인간의 존엄성, 구성원의 화합, 아름다운 문화를 갖는 높은 수준의 삶을 의미한다(마하트마 간디)."

마을은 말이 있는 곳, 즉 말로 소통하고 대화가 있는 곳이다. 고향 마을을 찾을 때마다 지역 주민의 고령화로 활력을 잃어가는 모습을 보면 서글프기 한이 없다. 고령화 비율이 50%를 넘으면 마을의 공동체적 삶이 불가능하다. 마을로서의 기능이 상실되는 것이다. 사람이 떠나면 마을의 생태계가 파괴되고 생활용수의 확보가 어려워지면서 마을은 소멸되어 갈 것이다.

농산촌의 경관이 아름다운 나라가 품격 높은 국가로 불린다. 마을의 유지보전은 농민만의 문제가 아니다. 국가의 장래가 걸린 중대한 문제로 인식해야 한다. 물질적 풍요는 있으나 알콩달콩 서로 부대끼며 살아가는 맛이 없는 도시의 삭막한 삶보다 인정이 넘치는 마을의 공동체적 삶이 더 그립다.

우리의 공동체 지수는 OECD 국가 중 최하위이다. 공동체 지수는 곤궁에 처했을 때 이웃이나 친구 등 사회적 네트워크의 도움을 받을 수 있다고 생각하는 사람의 비율이다. 국민의 행복지수를 높이고 농산촌의 경관과 자연 환경을 유지하며 품격 높은 국가로 나아가기 위해 그 기초가 되는 마을을 유지해야 한다.

전남 지역 22개 지자체 중 16개가 지역소멸 위험지역으로 선정되어 전국에서 가장 많은 소멸대응기금을 받는다는 뉴스를 보고 반갑기보다는 서글픈 마음이 들었다. 내 고향 광암마을이 언제까지 알콩달콩 서로 부대끼며 살아가는 공동체적 삶을 유지할 수 있을까?

일본의 경우 고스케(小管)라는 산속의 700호 마을을 하나의 호텔로 간주하여 외부에 알리고 리모델링해서 동경 및 수도권 주민의 인기 쉼터가 되었다. 일자리가 있고 소득이 확보되면서 젊은 청년들이 이주해 오고 인구도 증가하고 있다. 일본은 이를 코로나 이후의 새로운 여행 형태로 파악해 2040년까지 전국 30개 지역을 마을 호텔로 발전시킬 계획이다.

우리나라는 수도권에 국민의 절반이 넘는 인구가 거주한다. 국토의 11.8%를 차지하는 지역에 인구가 집중하는 초과밀 현상이 나타나고 있는 것이다. 이는 30년 후에 전남의 모든 시군이 소멸될 수도 있다는 이야기다. 수도권 초과밀 현상은 환경 문제와 안보상의 문제 등 국가 장래의 지속가능성을 위협할 수 있다. 국가 성장의 발판을 만들기 위해서는 수도권과 지방의 균형 있는 발전이 매우 중요하다. 지방의 소멸은 국가 멸망의 지름길이라는 인식 하에 대응책을 마련해야 한다.

다산 정약용의 『하피첩(霞帔帖)』에는 두 아들에게 "앞으로의 계획은 오직 한양에서 가까운 십 리 이내에서 살라"고 조언하는 구절이 있다. 이는 이미 조선 후기부터 수도권 거주가 출세와 부의 축적이라는 면에서 기득권으로 가는 지름길이었다는 것을 암시하고 있다.

서인경(서울·仁川·京畿)공화국이라는 말이 유행하고 있다. 서울·인천·경기도에 인구쏠림 현상이 나타나는 것을 표현한 말이다. 실제 국토 면적의 11.8%인 서인경에 전체 인구의 50%가 거주하고 있다. 우리는 합계 출산율이 0.70명으로 세계 최하위다. 지구상에서 가장 먼저 인구감소로 소멸할 국가가 될 수 있다는 경고장을 받은 셈이다. 저출산에 따른 소멸 위기는 도시·농촌 가리지 않는 국가적 초대형 위기의 신호탄이다.

2023년부터 시행된 고향사랑기부제가 각 지역의 발전과 출산율을 높이기 위한 정책수단의 하나가 되기를 바란다. 우리보다 먼저 고향납세(故鄕納稅)라는 제도를 도입하고 시행하고 있는 일본의 사례를 보면 약 30% 정도의 지자체에서 인구가 늘고 지역경제가 활성화 되는 효과를 보이고 있다. 일본 농촌 40여 곳을 수년간 틈틈이 여행하며 보고 들은 사례를 정리해서 이 책을 출간한다. 우리와 일본의 고향납세 정책이 다소 차이가 있고 역사적 배경과 환경이 다르기도 하나, 일본의 선례가 우리의 고향사랑기부금 정책을 운영하는 데 참고가 될 수 있기를 기대한다. 지방소멸, 저출산, 고령화 등이 지속되어서는 안 된다는 것을 국민 모두가 새롭게 인식하고, 지방 혁명이 농촌과 도시의 영구적이고 균형 있는 발전의 계기가 되기를 기도한다.

고향사랑기부제 관련법이 국회에서 통과되기까지는 그 당시 국회 농해수위의 국회의원이던 전남 강진 출신 황주홍(黃柱洪) 의원이 관계 부처를 직접 방문해 설득한 역할이 주요했다.

평범한 농촌 마을인 전라남도 영암군 학산면 광암마을 농가에서 태어나 5인 가족의 가장의 역할에 소홀했던 저의 빈자리를 메꾸어 준 아내 김옥환(金玉煥)에게 한없는 감사를 드린다.

그리고 지금은 병상에서 투병 중이지만 평상시에 물심양면으로 격려와 조언을 해주신 한호선(韓灝鮮) 전 농협중앙회 회장께 감사를 드리며, 온 농협인의 기도에 대한 응답으로 병상에서 기적 같이 벌떡 일어나시기를 간절히 기도한다.

끝으로 다듬어지지 않은 원고를 옥돌처럼 다듬어서 단행본으로 출간할 수 있도록 적극적인 협력과 아이디어를 제공해주신 글로벌콘텐츠의 홍정표 대표님과 편집진 여러분께 한없는 감사를 전한다.

차례

제1장

고향사랑기부제

고향사랑기부제 시행과
지자체의 대응-제2의 새마을운동

고향사랑기부제 관련 5개 법률안이 2021년 10월 19일 제정되었다. 정부는 고향사랑기부제 시행을 위한 관계제도 정비와 플랫폼 구축을 완료하고, 2023년 1월부터 제도를 시행하였다.

첫발을 뗀 고향사랑기부제

고향사랑기부제는 지역사회 활성화와 국가균형발전 정책의 일환으로 지방자치단체에 기부할 수 있는 기회를 제공함으로써 침체된 농촌지역에 활력을 불어넣고자 도입된 제도다. 기부를 통해 지역경제 활성화에 기여할 수 있으며 고향에 거주하는 이웃들과 연대와 협력을 통해 우리사회의 상생공동체 문화를 형성하는 데 도움을 줄 것으로 기대된다.

2008년 우리와 유사한 고향납세제도를 운영 중인 일본과 비교했을 때 제도 자체의 성격이나 목적은 비슷하나 기부자 자격, 기부 지역, 세액공제제도, 기부금 상한 등에서 차이점이 많다. 일본의 시행착오를 고려하여 우리는 답례품 제공, 기부 지역 등을 제한한 점이 일본과는 다르다.

일본에서는 기부금의 50% 수준에 해당하는 답례품을 제공하는 등 답례품을 통한 기부금 유치 경쟁이 치열하게 진행되는 문제가 발생했다. 우리의 고향사랑기부금법에서는 답례품을 기부금의 30%로 제한했다.

이 제도의 성공적 안착을 위해서는 답례품의 품질과 가격이 가장 중요한 요소이다. 기부금은 10만 원까지 전액 세액공제 되고 답례품의 비율은 기부금의 30%이므로 3만 원 수준의 답례품이 적당할 것으로 예측한다. 무엇보다 고향사랑기부제에 대한 국민의 인식이 매우 중요하기 때문에 각 지방자치단체가 제공하는 답례품과 기부금의 사용 목적에 대한 대국민 홍보가 중요하다.

세액공제 차이

우리나라는 기부금액 10만 원까지는 전액 세액공제 되고, 10만 원 초과 500만 원까지는 16.5%만 세액공제 된다. 일본은 기부금액이 얼마가 되었든 기부액에서 2천 엔(2만 원)을 제외하고 나머지 전액을 세액공제 해 준다는 점에서 우리와는 많은 차이가 있다.

일본의 지방자치단체는 우리와 달리 자치경찰 등의 운영재원을 부담해야 하므로 지방세 비중이 높은 편이다. 우리나라의 세금수입 비율은 국세 75.3%, 지방세 24.7%인데 비해 일본은 국세 61.8%, 지방세 38.2%이다.

총 기부금액에 가장 크게 영향을 주는 요소는 결국 기부자 수가 될 것이므로 고향사랑기부제에 대한 대국민 인식률 제고가 매우 중요하다. 우리의 고향사랑기부제는 일본의 고향납세제도에 비해 세액공제 비율이 현저히 낮으므로 고액 기부자는 별로 없을 것으로 추정된다. 따라서 소액 기부자 수를 다수 확보하는 전략이 중요하다.

기금 사용 목적과 제도 인식

법률에 정한 기금사용 목적이 매우 포괄적이라는 점에서 고향사랑기금 사용 목적에 대한 지방자치단체의 창의성이 발휘될 수 있을 것으로 본다. 고향사랑기부제의 재원이 되는 고향사랑기금의 경우 사회복지, 청소년 육성, 지역 문화예술 지원, 지역공동체 지원, 복지증진에 필요한 사업 등으로 매우 포괄적으로 규정하고 있다. 이 규정을 보면 지방자치단체의 모든 자치사무 영역에서 기금을 활용할 수 있다고 본다. 자치단체별로 다양하고 기발한 창의성이 발휘될 수 있도록 한 것이다. 따라서 기금 사용 목적을 특정함에 있어 제도적 제한이 거의 없다고 보고, 지방자치단체의 특성과 사정을 고려한 다양한 아이디어 사업이 추진될 것으로 전망된다.

일본 고향납세제도의 기금 사용 목적을 보면 가장 많은 비중을 차지하는 분야가 건강과 의료 복지 사업이다. 최근 일본에서는 크라우드 펀딩(crowd funding) 방식으로 기부금을 모집하거나 지역 발전을 위한 사업을 구체적으로 제시하는 방식으로 모금하고 있다. 우리 역시 이에 대한 적극적 검토가 필요하다.

크라우드 펀딩 방식은 기부자에게 특정한 사업을 매우 구체적으로 제시하고 해당 사업의 재원으로 고향납세금을 모집하는 것이다. 일정 규모의 금액이 마련되면 해당 사업을 위한 기부금 모금은 종료된다. 사업의 예를 들면 유학생 파견, 어린이 보육시설 정비 등이 있다.

한국과 일본의 제도적 차이

우리의 고향사랑기부제는 국세의 지방세 이전 성격인데 비해 일본은 지방자치단체 간 이전이므로 우리의 제도가 일본보다 한 발 앞선 제도이다. 일본의 제도는 지방자치단체 간 경쟁을 통해 서로의 지방세를 기부금으로 모집한다는 점에서 지방자치단체 전체에서 보면 별로 의미가 없는 형제간 경쟁인 셈이다.

그러나 우리의 경우 조세의 기부금 전환 한계를 10만 원으로 하고 있고 국세인 소득세를 지방자치단체의 기부금으로 전환한 것이라는 점에서 일본과 달리 지방자치단체 간 기부금 모집 경쟁에 대해 긍정적 평가를 할 수 있다.

우리는 기업이 아닌 개인만 본인 고향 이외의 다른 지역에 기부할 수 있으나 일본은 개인은 물론 기업도 어느 지역에나 기부할 수 있다. 또 우리는 자신이 현재 거주하고 있는 지역에는 기부할 수 없도록 되어 있어서 인근 거주지 간에 상호 교차로 기부하는 행위도 일어나고 있다.

세액공제 방식도 일본은 지방세의 지방 이전이며 우리는 국세의 지방 이전이라는 점에서 우리의 제도가 입법 취지에 더 부합한다고 본다.

한국과 일본의 오랜 역사를 보면 그 차이를 더 느낄 수 있다. 우리는 임금이 지방에 원님을 내려 보내면 그는 1~2년 그 지역에서 원님으로 활동하다가 임금의 명으로 다시 상경할 때 진상품을 가지고 가서 임금에게 바치는 것이 관습이었으나 일본은 사무라이가 자기 영역의 발전과 힘을 기르기 위해 특산품을 발굴하는 등 지역경제를 발전시켜야 했다. 그런 영향으로 일본은 세계에서 100년 이상의 장수기업이 가장 많은 나라가 되었다. 그 장수기업이 생산하는 특산품이 오늘날 고향납세의 답례품으로 활용되고 있다.

일본의 합계 출산율은 1.40명인데 비해 우리는 0.70명으로 지구상에서 최하위이다. 인구감소에 대한 국민과 정치인의 인식도 우리와는 차이가 있다. 일본은 40년 전부터 일본열도 개조론, 고향창생 등의 정책을 실행하면서 국토의 균형 있는 발전을 위해 노력해 왔다. 우리는 "사람은 서울로, 망아지는 제주도로"라는 표현처럼 수도권 집중 현상이 극심한 실정이다. 반면에 산업화 과정이 다소 늦어서 경제 활동을 하는 도시 주민의 대부분이 농촌에서 출생하였고, 고향에 대한 추억과 애정이 깊다는 점이 우리의 장점이다. 그래서 고향납세에 대한 긍정적인 생각을 국민의 대다수가 가지고 있다고 본다.

고향사랑기부제는 제2의 새마을운동

새마을운동은 1972년 10월 30일 경기도 고양시 농협대학 부설 독농가연수원에서 개설된 새마을지도자 교육 과정을 출발점으로 시작된 농촌부흥운동이다. 가난에서 벗어나 잘살아 보자는 운동으로, 농촌경제 발전과 농가소득 향상을 목표로 시작되었다. 공업 중심의 경제 개발로 농업의 중요도가 낮아져 도시와 농촌 간 소득 격차가 많이 벌어지자 농촌 문제가 사회 문제로 대두되었으며 이에 대한 대책으로 추진한 것이 농촌의 새마을운동이다.

새마을운동의 주요 과제는 생활환경 개선, 소득 증대, 의식 개혁이었다. 생활 환경 개선을 위해 농촌의 마을 안길 확장, 지붕·담장 개량과 주택 개량, 공동시설물과 상수도 설치, 마을회관 건립 등이 시행되었으며, 소득 증대를 위해 농로 개설, 농지 정리, 소하천 정비, 종자 개량, 공동작업장 운영, 계 및 품앗이 장려 등의 사업이 시행되었다.

오늘날 우리나라 도시 농촌 간의 격차 문제는 매우 심각하다. 국가 존립의 위기적 상황이라는 점은 국민 모두가 인식하고 있다. 이제 우리는 고향사랑기부제를 단순한 일과성에 그치는 정책으로 보지 말고 제2의 새마을운동으로 보아 온 국민의 참여를 통해 성공시켜야 한다.

인간은 창조하면서 행복을 발굴한다. 미술작품을 제작하는 것도, 책을 저술하는 것도, 농사를 짓는 것도 창조를 즐기는 인간 본래의 행위이다. 창조는 인간의 근본적인 욕구이며 삶의 목적이다.

일본 유후인의 거리에 젊은이들이 많이 모이는 것은 걷기 좋은 지역사회이기 때문이다. 유후인의 거리에 젊은 20대 커플이 넘쳐나는 것도, 서울의 상암동 철도 부지를 걷는 사람들도, 인사동 거리와 청계천 하천변을 걷는 사람들도 모두 자연 환경이 인간의 근본적인 욕구를 충족해 주기 때문이다.

이런 생활 환경은 지방 발전과 지역경제 활성화는 물론 국가의 지속가능한 발전을 위해 매우 중요하다. 이제까지의 지방 행정은 중앙정부로부터 교부 받은 예산을 바탕으로 정부의 지침과 범위에 따라 정책을 실행했다. 인구가 순탄하게 늘고 경제가 성장해서 예산 규모도 확대되었다. 지방은 자율적으로 재원을 창조하는 노력이나 고민 없이 중앙정부로부터 많은 예산을 확보하는 것이 중요한 관심사였다.

이제 국가 전체적으로 인구는 감소하고 경제가 저성장으로 갈 수밖에 없는 상황이다. 안이하게 옛날처럼 중앙정부의 예산을 받아서 지역경제를 활성화하는 시대는 지났다. 기존의 틀을 벗어나 지방 경영의 시점으로 전환해야 하는 지방 혁신, 지방 창조의 시대가 되었다. 4차 산업혁명, 지역소득 양극화, 고령화 등 사회 패러다임 변화에 대응하는 다양한 혁신 성장의 사례를 살펴보고 지역 주도의 혁신 성장 모델 개발이 필요한 시점이다.

고향사랑기부제는 지방 혁명이다

2023년부터 시행되고 있는 고향사랑기부제를 지방 혁신을 위한 중요한 정책으로 보고 모든 지자체가 적극적으로 임해야 한다.

각 지역의 답례품은 신상품 개발과 더불어 지방 소규모 사업자나 농민이 생산한 농산 제품의 6차 산업화를 위한 중요한 기회가 될 수도 있다. 상품력을 높이고 전국의 다른 유사 답례품과 경쟁하기 위해서는 창의적 아이디어와 경쟁력을 갖추어야 한다. 농산물이나 가공품의 판매는 이제까지 농민이나 기업인이 독자적으로 개척해야 했다. 그러나 고향사랑기부제의 답례품은 이미 시장과 고객이 확보되어 있는 셈이다. 여기에 수주 업무, 고객 대응, 발송 업무, 홍보 등은 지자체가 지원해주기 때문에 참가하기 쉽다.

고향사랑기부제는 정부가 운영하는 TV홈쇼핑과 같은 효과가 있다. 소규모 사업자의 제품도 '고향사랑답례품'이라는 시장에 진출이 가능하므로 지역 사업자를 육성하는 효과도 있다. 이는 지역에서의 창업과 기업 경영을 지원하는 정책 수단이 되고 있다.

고향사랑기부제는 지방의 산업혁명

고향사랑기부제는 지방에서 출발한 산업혁명과 같다는 견해도 있다. 이제까지는 농민이 가공 생산한 소규모 상품이나 중소기업 제품의 대도시 시장 진입이 어려웠다. 그러나 답례품은 정부가 홍보와 판매 촉진 활동을 수행하므로 영세자영업자나 농민도 답례품 시장에 접근이 가능하다.

일본에서 시행하고 있는 '지역협력대' 정책도 눈여겨볼 필요가 있다. 지역협력대는 일본 농촌에 고령화가 진행되어 위기감을 느끼고 있을 때 하토야마(鳩山) 총리의 제안에 따라 2009년부터 시행한 것으로 의욕 있는 도시 청년들을 받아들여 농촌 지역의 활력을 회복하기 위한 정책이다. 2018년에는 1,061개 지자체에 5,530명이 파견되었다. 이들에게는 보상비로 연 250만 엔, 활동비로 연 200만 엔이 지급된다. 오이타(大分)현 다케타(竹田)시에서 한국인 젊은 대학생 부부의 지역협력대원을 만난 적이 있다. 우리의 경우 희망하는 젊은 청년들의 군 복무 대신으로 선택할 수 있겠다는 생각이 든다.

야마나시(山梨)현 후지요시다(富士吉田)시는 2만 엔 이상 고향납세자에게 버스여행을 실시했다. 관내 고교생의 제안을 받아들여 고교생들이 관광가이드를 담당하고 사전에 답례품 사업자를 방문조사 하였다. 이 과정에서 지역 고교생들은 지역사회를 이해하고, 방문객으로부터 지역을 평가를 받으면서 고향에 대한 자부심도 갖게 되었다고 한다.

안 된다는 생각보다 실천 먼저

안 된다는 부정적인 생각만 하면 세상의 어느 것도 성공할 수 없다. 적극적으로 도전하면서 문제 해결의 길을 찾아야 한다. 각 지자체는 지역에 내재된 자원을 최대한 발굴·활용해서 출향인은 물론 도시 주민에게 어필해야 한다. 인구감소 문제와 지구촌 환경 문제, 유엔이 추진하고 있는 SDGs 등을 보면 이제는 지방 혁명이 필요한 시대다.

고향사랑기부제는 지방소멸에 대응하는 마지막 처방전이 되어야 한다. 일본의 추진 과정을 보면, 당초에는 기부금이 지역사회에 도움이 될 수 있는 답례품으로 출발하여 시간이 지나면서 지역사회 공헌 목적으로 옮겨가는 추세를 볼 수 있었다. 고향사랑기부제를 통해 평소 농촌이나 고향에 관심이 없었던 도시인들을 농촌과 연결하는 것이 지자체의 역할이다. 기부자를 자기 지역의 고객으로 만들어 소멸 가능성이 있는 지자체에서 벗어나 진정한 지방 발전의 길로 가야 할 것이다.

고향사랑기부제의 발전 방향

고향사랑기부제는 개인이 본인 주소지 이외의 다른 지자체에 기부할 수 있도록 한 것으로, 소멸 위기에 당면한 지자체의 재정자립도를 높이고 인구를 증가시켜 지역의 지속가능한 발전에 기여할 수 있도록 고안한 제도다. 고향사랑기부금에 관한 법률(고향사랑기부금법)이 정하는 기부금 상한액은 개인당 연간 500만 원이며 기부자는 세액공제, 답례품 수령 등의 혜택을 받는다. 행정안전부는 기부금 유치를 위해 '고향사랑e음'이라는 플랫폼을 만들어 운영 중이고 사회적 기업인 공감만세에서도 고향사랑기부제 종합정보 포털인 '위기브(wegive)'를 오픈했다.

2023년, 정책의 시작과 함께 고향사랑기부제의 다양한 문제점이 노출되고 있다. 특히 제도를 뒷받침해야 할 관련법이 오히려 제약이 되어

다수 개정안이 국회에 발의되고 있다.

민간 플랫폼의 참여를 활성화 해야 한다

기부자는 고향사랑기부금에 대한 세액공제 혜택을 받을 수 있게 되어 있다. 한때 기획재정부가 조세특례법 개정안을 마련하면서 고향기부금까지 유예 대상에 포함시킨 탓에 실질적인 세액공제가 2025년부터 가능하였는데, 최근 법률 개정으로 2023년부터 세액공제가 가능하게 되는 해프닝도 있었다.

고향사랑기부제가 시행되면서 민간에서도 관련 정보를 안내하는 플랫폼이 만들어졌으나 행정안전부는 민간 플랫폼의 모금 활동을 금지하고 있다. 그러나 영암군 등 일부 지자체는 위기브라는 민간 플랫폼을 통해 기부금 모금 활동을 하고 있다.

15년 전 고향사랑기부제와 유사한 고향납세제도를 도입한 일본의 경우 4대 민간 플랫폼을 통해 모인 기부금 액수가 전체의 90%를 차지한다. 고향납세제도 성장의 주요 동력으로 민간 플랫폼의 아이디어 경쟁이 크게 기여한 것이다. 민간 플랫폼의 참여를 허용하면 '고향사랑e음'을 통해 기부 한도까지 기부한 사람이 민간 플랫폼을 통해 추가 기부할 수도 있다는 점이 문제가 되었다. 일본의 경우에는 기부 상한액에 제한이 없기 때문에 문제가 없다.

기부자가 매력을 느끼는 제도로 만들어야 한다

특정한 과제나 프로젝트에 대해 기부하는 지정기부제도가 없다는 점도 개선되어야 한다. 현재 '고향사랑e음'을 통해서는 기부 지자체만을 선택할 수 있다. 기부자는 자기가 낸 기부금이 어디에 쓰이는지 알 수 없다. 즉, 기부자가 자신의 기부에 대한 자긍심을 얻을 수가 없다.

제도의 취지에 부합하도록 건전한 기부문화를 활성화하고 지역경제를 살려 지역의 지속가능성을 높이기 위해서는 과감한 개선 보완 대책이 나와야 한다.

2023년 1월 '고향사랑기부금에 관한 법률'이 시행됐고, 법률 제9조에 명시된 답례품은 해당 지자체 관할구역에서 생산·제조된 물품, 해당 지자체 관할구역에서만 통용될 수 있는 상품권 등 유가증권, 해당 지역의 경제 활성화에 기여할 수 있는 것 등으로 정했다. 단, 현금과 고가의 귀금속과 보석류는 제외했다.

제도 시행 초년도 상황만 보면 흥행 실패라는 이야기도 나온다. 국민적 관심 미흡에 따른 저조한 모금 실적, 관할 주소지 이외 거주자 한정, 세제 혜택·모금 장소, 모금 방법 제한, 온라인 시스템 취약, 기부금 활용 아이디어 부족 등 원인은 복합적이다. 또한 최소 기부금액이 10만 원인데, 이에 맞춘 듯 답례품도 3만 원 대 이하가 주를 이루고 있다. 이 정도로는 기부자가 매력을 못 느낀다. 결국 지자체의 기획력이 부족한 실정이다.

제도가 시행된 2023년 1월 이후 국회에 계류된 개정안만 10건이 넘는다. 그만큼 제도적 허점이 많다는 뜻일 테다. 민형배 의원이 발의한 사회적기업, 중소기업, 여성기업 등이 생산·제공하는 물품을 포함하도록 하는 방안도 논의할 가치가 있다.

좋은 답례품은 어떤 것인가

한 번에 그치는 게 아니라 두 번째, 세 번째 기부를 이끌어 내려면 좋은 답례품이 관건이다. 이를 위해서는 답례품에 대한 명확한 가이드라인이 있어야 한다. 예를 들어 지역 브랜딩, 유통 안정성, 가격 다양성, 포장 우수성 등의 원칙을 세워 이를 충족하는 답례품만 선정해야 한다. 기부자 수요에 맞춰 답례품을 선정하고 트렌드를 놓치지 않는 것도 중요하다.

답례품은 기존 농특산물 위주의 3만 원 이하 기본 답례품과 2030 세대의 호기심을 유도할 수 있는 기획형 답례품으로 구분해 발굴해야 한다. 기획형 답례품은 특산품을 활용하면서 편의성을 높인 밀키트, 제철 식재료 정기배송, 특산물 꾸러미, 장기 체류형 관광 상품 등이 좋은 예다. 제품이 아닌 스토리를 구매하면 충성심이 더 생기는 구매 심리도 유념해야 한다.

현재 기부금을 납부할 유일한 플랫폼인 '고향사랑e음'도 개선이 필요하다. 답례품이 무작위로 열거되는 페이지로 구성돼 있어 보기가 불편하다. 이 플랫폼은 업무에 필요한 행정 사항을 관리하는 통합관리 시스템으로 사용되도록 하고, 민간 플랫폼을 통해 기부자와 모금 주체인 지자체가 정보 교환 및 기부 진행, 답례품 관리 등을 할 수 있도록 해야 한다.

인지도를 높이려면

고향사랑기부제에 대한 국민의 인지도는 여전히 바닥이다. 시행 초기 각 지자체에서 연예인이나 유명 인사를 앞세워 1호 기부자에 대한 뉴스만이 조금 나온 정도다.

답례품이라는 명칭도 문제다. 명칭에서 오는 한계가 있을 수 있다. 소장 가치가 있고 그 지역을 추억할 수 있는 '굿즈(Goods)'나 '리미티드 에디션(Limited Edition. 한정판)' 등을 혼용하면 젊은 층의 관심을 유발할 수 있고, 관련 상품 개발도 더 활발해질 수 있다.

지방소멸의 심각성은 새삼 이야기하지 않아도 모두가 공감한다. 2022년 발표된 한국고용정보원 조사에 따르면, 전국 228개 시군구 중 113곳(49.6%)이 소멸 위험 지역으로 분류됐다. 이들 면적은 국토의 70%가 넘는다. 소멸을 막기 위해 정부와 지자체가 다양한 지원책을 펼쳤지만, 서울 중심의 수도권 집중 현상은 점점 심해졌고 지방 존폐 위기의 시계는 더 앞당겨졌다. 기존의 경제성 논리를 넘는 보다 과감한 정책이 절실한 시점이다.

고향사랑기부제에 대한 장밋빛 전망, 그러나…

'고향사랑기부금에 관한 법률안'은 국회에서 통과되기까지 많은 난항을 겪었다. 20대 국회에서 관련 법안이 다수 발의됐으나 임기 만료로 폐기됐고, 문재인 정부의 국정운영 5개년 계획에 포함돼 추진됐으나 그 진척이 미진했다. 21대 국회가 개원하며 '고향사랑기부금법'이 다시 발의되었고, 2022년 9월에야 비로소 국회를 통과했다.

이렇듯 어렵게 결실을 맺은 '고향사랑기부제'는 시행만 잘 된다면 지방재정 확충과 함께 지역경제 활성화에 긍정적인 변화를 가져올 것으로 보였다. 한국개발연구원(KDI)은 기부금 추정 규모가 연간 576억~7,767억 원에 이를 것으로 추정했고, 답례품 시장 규모도 172억 원에서 2,330억 원까지 성장할 것으로 내다봤다.

'고향사랑기부제'의 도입으로 각 지역의 특성을 살린 상품·관광자원 마련의 새로운 계기가 될 것으로 기대했으며, 일자리 창출과 설비 투자로 이어질 것으로 예상했다. 나아가 인적 교류의 증가, 귀농·귀촌 인구의 정착률 증가, 지역브랜드 가치 제고까지 이끌어 낼 것이라는 전망도 있었다. 그러나 새로운 시도에는 시행착오가 따르는 법이고, 고향사랑기부제도 예외는 아니었다. 가령 지자체별로 빈부 격차를 보이거나 답례품의 퀄리티가 모금 총액을 좌우하는 등의 문제가 발생했다. 최근 필자가 여러 자료를 분석한 결과, 2023년 3월 말 기준 경북은 20억 원을 넘게 모은 반면, 세종·울산·인천·대전은 1억 원도 모으지 못했다. 금액 편차가 지속되어 지역 간 발전 격차로 이어지지 않을까 하는 우려가 생기는 상황이다.

중앙정부 및 지방자치단체가 광고 매체를 통해 고향사랑기부제를 적극적으로 홍보할 수 있도록 하고, 주민이 본인의 거주지(주소지)에도 고향사랑기부금을 기부할 수 있도록 개정해야 한다는 의견이 제시되고 있다. 이 밖에도 인구감소 지역에 고향사랑기부금을 기부하면 세제 혜택을 강화하거나 특산품의 상한선을 인상하는 방안도 제시되었다.

사람의 신체에서 어느 한 부분이 지나치게 비대해지면 건강을 잃는 것처럼 수도권의 지나친 비대화도 국가의 안정적 발전의 큰 장애물로 작용할 것이다. 국가 균형 발전은 지속가능한 대한민국을 위해 반드시 필요한 과제이다. '고향사랑기부제'가 앞선 문제들을 극복하고, 국가 균형 발전에 앞장서는 역할을 할 수 있기를 바란다.

마을의 위기는
국가의 위기

50세대가 사는 필자의 고향 마을을 가보면 마을이 사라질 위기다. 그래도 될까? 수천 년 동안 선조들이 피땀 흘려 삶의 터전으로 만들고 나라의 기초가 되었던 마을이 없어질 위기에 처해 있다.

소멸 위기의 고향 마을

필자의 고향 영암군 학산면 광암마을을 보면 한 마을의 사정이기는 하나 매우 심각하다. 41호가 거주하는 마을에 65세 이상 인구가 60%를 넘고 초등학생은 한 명도 없다. 노인 홀로 사는 독거노인 세대는 10여 호가 된다. 농사일을 하면서 사는 농가는 2호뿐이다. 10년 정도 지나면 폐촌이 될까 염려되는 지경이다. 만약에 마을이 소멸된다면 5만 평 정도의 논밭은 어떻게 되고 임야는 또 어떻게 될 것인지 걱정이다. 조상들의 묘지 관리 그리고 마을의 수호신인 미륵의 관리와 미륵제는 누가 맡나 걱정이다. 30여 기의 고인돌 유적은 어떻게 관리될 것인지 가늠하기도 쉽지 않다. 10년 후 고향 마을이 사람 사는 마을로 유지될까 의문이다. 전국적으로 현재 마을의 50% 정도가 소멸될 것이라는 전망도 나온다.

일본은 10년 후 농촌 지역의 지방자치단체 중 30%가 소멸할 것이라는 보도도 있었다. 그래서 1990년대부터 마을 인구 중 65세 이상 노인 비율이 50%를 넘으면 한계(限界) 마을이라고 해서 공동체로서의 역할과 기능이 불가능한 것으로 판단, 지방경제의 활성화를 위한 지역협력대 파견 등 다양한 시책을 강구하고 있다. 마을의 폐촌이 국토 보전의 문제와 음용수 등 지하수의 보전에 심대한 영향을 미치는 것으로 판단하고 지식인들이 정부에 문제 제기를 하는 상황이다.

인도의 간디는 나라보다 마을이 더 중요하다고 했다. 나라는 독립운동을 통해 되찾을 수 있지만 마을이 없어지면 민족의 정체성을 잃는 것이므로 국가의 독립 이전에 마을이 유지되어야 한다고 했다. 그래서 간디는 농촌문화를 지키기 위해 영국으로부터 독립하기 전 모든 인도 사람이 매일 한 두 시간만이라도 물레질 할 것을 권유하였다. 물레질의 가치는 경제적 필요 이상의 것이라고 생각한 것이다.

고향과 자연이 주는 치유의 힘

필자는 유년기 때 고향 마을에서 하루 종일 피곤함도 모르고 산야를 뛰어다녔다. 봄에는 마을 앞동산에 지천으로 자생하는 춘란의 꽃대를 입에 넣고 질금질금 하기도 했다. 그 후 70년 동안 도시 지역을 오가면서 살아왔다. 그런데 지금 머릿속에는 유년기에 고향 마을에서 보낸 생활만이 아름다운 추억으로 남아 있다. 70년을 산 도회지의 생활에서는 추억으로 남아있는 것이 별로 없다. 그래서 나는 추억이 그리워 고향을 자주 찾는다. 도시 생활의 스트레스를 치유하기 위해서다.

요즘은 해외 관광객 수가 외국인 입국자 수보다 2배 많다. 가장 많이 가는 나라가 스위스라고 한다. 스위스의 자연경관이 풍요롭고 아름다워서 마음의 치유가 된다는 것이다. 우리 농산촌의 자연도 스위스처럼 아름답게 가꿀 수 있다고 생각한다. 농촌에 있는 자연을 유지하기 위해서는 농업이 유지되어야 하고 그러기 위해서는 민족문화의 원류인 농촌문화가 있는 마을이 유지되어야 한다.

수년 전 연초 연휴 기간에 도시 지역의 아파트에서 태어나고 유년기를 보낸 손자들과 함께 제주 여행을 했다. 유년기에 자연과 함께 한 아름다운 추억은 치유의 힘이 있다고 생각해 조부로서 추억을 만들어 주고픈 바람에서였다. 여행 후 귀갓길에 기행문을 써서 제출하면 평가해서 상금을 준다고 했다. 며칠 후 보내온 기행문을 보니 제주에서 본 자연 경관과 박물관, 미술관 이야기, 밀감 수확 체험 등이 두루두루 추억으로 각인된 것 같았다. 손자들은 이번 여행에서 경험한 추억을 가지고 21세기 미래를 살아가면서 어떤 어려움에 부딪치더라도 치유와 회복으로 힘차게 살아나갈 것이라 기대한다. 모처럼 조부로서 손자들에게 좋은 일을 했다는 생각이 들었다.

드라마 〈응답하라 1988〉이 인기를 끌었던 이유는 도시의 아파트 생활 이야기가 아니기 때문이다. 도시 외곽 지역 골목길에서 일어난 소소한 생활 이야기 아닌가. 이것만 보아도 치유가 되는 이야기와 추억은 도시 아파트 생활보다는 농촌이나 골목길의 생활에서 나온다는 것을 알 수 있다. 농촌 마을과 골목길의 삶은 서로 부대끼며 인간답게 사는 협동과 생활 공동체적 삶이기 때문에 강한 추억으로 각인된다.

그 골목길은 도시개발 혹은 재생사업으로 다 없어져 가고 있다. 단순히 외면적으로 마을과 도시의 골목길이 없어진 것이 뭐가 중요하냐고 대수롭지 않게 생각할 수 있지만 아름다운 이야기와 문화, 민족혼이 없어져도 되는 것인가? 노인 한 명이 사망하면 도서관 하나가 없어진 것과 같다고 한다. 그들의 소중한 경험과 이야기는 민족의 무형 자산이다.

이외에도 마을은 농산촌의 아름다운 경관을 유지해 준다. 아름다운 마을과 경관은 국가의 품격을 높이는 중요한 요인이다. 이러한 우리의 농촌 마을이 고령화와 더불어 산업화 이후 개방 경제가 되면서 소멸에 처해 있다는 위기의식을 느낀다. 그래서 그 대안으로 몇 가지를 제안한다.

마을 재생을 위한 대책

우선 마을의 전설, 문화, 유적, 노인들의 경험담 등 마을의 역사 기록, 이야기 발굴, 벽화 제작 기부, 농산물 판매 보조, 영농 지도, 행정보조를 위한 '마을활성화 협력대(가칭)'를 만들어 마을의 재생을 지원하자. 이는 청년 일자리 창출과 지역경제 활성화에도 도움이 될 것으로 믿는다. 일정 기간 생활이 가능한 범위로 지자체와 정부가 생활비를 보조하는 방안도 있다. 이들은 3년 이상 등 일정 기간 농촌 근무 후 마을에 정착할 수도 있고 떠날 수도 있다. 즉, 귀농귀촌을 사전 탐색케 하는 것이다.

두 번째는 아름다운 마을 만들기 협의회를 만들어 우수지역을 표창하고 연구발표를 하면서 마을 주민과 도시인이 함께 만들어 가는 모범마을을 탄생시켜 보면 어떨까 생각한다.

세 번째, 노인에게는 '일자리'가 가장 좋은 복지다. 100세 시대라고 흔히 노래 부르면서 정작 100시대 준비는 잘 하고 있는가? 준비 안 된 100세 시대는 대재앙이다. 노년에 가장 불행한 사람은 일거리가 없는 사람이다. 젊어서는 일하는 목적이 가족 부양이다. 그러나 80세 이상이 되면 일은 이웃과 사회에 대한 봉사라고 생각해야 한다. 우리나라처럼 연금 제도의 출발이 늦은 국가이면서 세계에서 유례없는 초고속으로 고령화가 진행되는 나라에는 더욱 큰 재앙이다. 우리는 평균수명이 82세나 건강수명은 70세라고 한다. 12년 동안 지병을 가지고 살아가는 것은 노인 가정의 재앙이지만 국가에도 재앙인 것은 마찬가지다. 노인의 건강수명 연장은 국가적 과제다. 그런 점에서 노인의 일자리는 농작물을 키우는 것이 가장 적당하다. 가벼운 농사일로 다소나마 소득을 얻을 수 있고 자연과 함께 일하면서 건강을 유지할 수 있다면 일석삼조인 셈이다.

자연경관과 아름다운 마을을 유지 보존하여 품격 높은 국가를 만들고 후손에게 물려주는 우리가 되기를 기원한다. 다시 한 번 강조하지만 마을의 위기는 국가의 위기다.

지방소멸은
국가 멸망의 지름길

국민의 공동 번영을 추구하기 위해서는 국가 전체의 모델 변화가 불가피하다. 우선 정치인이 솔선수범 하여 국가의 어려운 상황을 감안해서 국민에게 가능한 한 알기 쉽게 이해할 수 있는 정책을 내놓아야 한다.

국가공무원 vs 지방공무원

인간은 하체가 튼튼해야 온몸이 건강한 것처럼 지방이 튼튼해야 국가도 건강하다. 이런 점에서 보면 우리는 중앙정부의 지도자와 공직자의 현장 감각이 부족하다는 평가도 나온다.

이를 해결하기 위해서는 국가공무원과 지방공무원이 교대 근무를 해야 한다는 주장도 있다. 지방의 우수한 인재가 서울의 중앙정부에만 있고 고향에는 돌아오지 않는 것이 현실이다. 그러한 우수 인재가 지방과 중앙의 가교 역할을 하도록 해야 한다. 국가공무원이 고향에 돌아가 근무하고 지방공무원이 중앙정부의 일을 담당하면 지방정부의 제도, 조례 등을 파악하는 것에 더해 중앙정부의 정책을 수립하는 능력까지 배울 수 있을 것이다. 국가공무원/지방공무원이라는 틀을 벗어나 새로운 공무원 상의 발굴이 국가와 지방 모두에 필요한 시점이다.

지방의 인구감소는 지방만으로 끝나지 않고 먼 장래에는 수도권에도 영향을 미칠 것이 확실시 되고 있으며 이는 국가 존망의 문제다. 학자들의 주장에 의하면 출산율이 최소한 2.1은 되어야 안정적인 인구 유지가 되는 독립국가로 존속이 가능하다. 우리나라는 합계출산율이 0.70명이다. 지구상에서 가장 먼저 소멸 위기의 국가가 된 셈이다.

일본의 지방소멸 해소 정책

일본의 역대 정부가 지방소멸 문제를 해결하기 위해 50여 년 동안 취한 정책을 보면 다음과 같다.

1) 1972년 다나카(田中) 수상이 '일본열도개조론'을 통해 과밀·과소 문제를 해결하고 살기 좋은 국가로 만들어야 한다고 했다.

2) 1985년 다케시다(竹下) 수상이 '고향창생사업'을 발표했다. 3천여 개의 지자체에 각각 3천만 엔의 조건 없는 예산을 지급하고 지역 활성화를 위한 사업에 투자하도록 했다.

3) 2008년 아베(阿部) 수상은 '고향납세제도'를 발표했다. 현재 중앙정부는 물론 모든 지자체가 적극적으로 추진하고 있다.

4) 2023년 기시다(岸田) 수상은 '이차원(異次元)의 소자화 대책'을 발표했다. 소자화 현상(저출산으로 인하여 아동의 수가 적어지는 현상)은 국가 존립의 조용한 위기라고 판단한 것이다. 임산부와 어린이 가정에 매월 15만 원 지급, 아동수당 소득제한 철폐, 아동수당 지급연령 확대, 어린이 가정 세금경감, 중학생까지 의료비 무료화, 이혼 후의 어린이 양육 지원, 전국 지자체의 창구에 어린이 담당계 설치 등을 적극적으로 실행하고 있다.

효고(兵庫)현에 있는 인구 30만 명의 아카시(明石)시가 출생아 감소 추세에서 적극적인 출산 장려 정책 이후 2013년부터 인구증가 경향인 점도 매우 중요하게 인식하고 있다. 이 시는 수화 언어와 장애인 커뮤니케이션 조례를 제정·실시하고 있다. 아카시시는 출생아 감소와 인구감소는 '조용한 전쟁'이라고 선언했다. 보는 견해에 따라 국방 문제보다 더 심각한 현재진행형의 과제인 셈이다.

일본 정부는 2023년 4월부터 어린이 보육과 지원 등을 전담하는 '어린이가정청'을 설치했다. 민간 차원에서 2012년부터 동경 지역을 시작으로 곳곳에 어린이 식당이 개설되었고 지금은 전국에서 7,331개가 운영되고 있다. 최근에는 어린이 전용 무료 도시락 자동판매기도 도시 지역에 설치되고 있다.

지방소멸의 문제는 국가 존립의 문제이며 단기간에 해결될 수 있는 과제도 아니다. 이 점을 국민 모두가 인식하고 적극적으로 대응해야 할 중차대한 과제라고 생각해야 할 것이다.

청소년에게
자연의 추억을

필자는 고향에 자주 가는 편이다. 태어나서 일곱 살까지 고향에서 살았는데 그때의 아름다운 추억이 항상 그립기 때문이다. 어린 날의 아름다운 추억은 삶의 고난을 극복하는 신비한 힘이 있다. 실제로 어려운 일에 부닥칠 때마다 고향에 가서 추억 속의 친척 할머니·할아버지들 손을 잡고 인사를 하며 이야기를 나누다 보면 혼란스럽고 복잡했던 모든 문제가 다 해결된 것 같아 마음이 평안해진다.

고향은 가장 훌륭한 힐링 캠프

과거의 모든 것을 추억으로 바꾸어 내는 능력은 우리 인간이 지닌 중요한 연금술이라 할 수 있을 것이다. 그런 추억들이 행복을 더 크게 만들고, 어려움을 이겨낼 수 있는 힘으로 전환된다. 결혼 생활이 힘들 때 연애 시절의 추억을 떠올리면 힘든 과정을 좀 더 잘 극복할 수 있는 것처럼 말이다.

또한 어린 시절의 좋은 추억은 활력을 솟아나게 하는 강장제와 같다. 그러니 돈을 벌기 위해 고민하고 애쓰는 것처럼 좋은 추억도 만들려고 노력해야 하지 않겠는가. 필자가 현재까지 나름대로 열심히 살고 있는 것은 어린 시절 고향에서의 좋은 추억과 흑석산, 가학산, 월출산의 기(氣)에서 비롯된 강장효과 덕분이 아닌가 싶다.

하지만 이제는 농촌 인구가 크게 줄었고, 아이들도 대부분 도시에서 태어나고 자란다. 고향 없는 청소년, 시골에서의 추억이 없는 젊은이들이 사회 대부분을 차지한다. 가족들은 자연에서 좋은 추억을 만들기는커녕 함께 보내는 시간마저 턱없이 부족하다. 콘크리트 빌딩과 아파트 숲에서 부모는 새벽같이 일 나가고 자녀는 학교와 학원으로 소위 뺑뺑이를 도느라 정신없다. 가족들이 모두 귀가하면 이미 밤늦은 시간이니 서로 얼굴 마주 보며 식사 한 끼 제대로 할 여유가 없는 것이 현실이다.

당연히 우리 사회는 인정이 메말라 가고 공동체 의식이나 타인에 대한 배려심도 약해져 간다. 공동체 의식 결여는 인간의 삶을 팍팍하게 한다. 덴마크와 부탄처럼 행복지수가 높은 나라는 공동체 의식도 강하다고 하지 않는가. 추억도 없고 공동체 의식도 약한 도시에 산다는 것은 분명히 행복할 수 있는 기회를 상당 부분 포기하며 살고 있다는 의미와 다르지 않다.

때문에 어린 시절 농촌이나 어촌 등 시골에서 성장하며 자연과 교감하는 것은 매우 중요한 일이다. 이때의 기억은 평생 간직되며 인생의 중대한 고비에서 추억으로 소환돼 고비를 헤쳐 나가는 동력이 되어 준다. 정연순 시인은 "추억은 만드는 것이다"라고 했고, 나태주 시인은 "시간은 흘러 돌아오지 않으나 추억은 남아 절대 떠나가지 않는다"고 했다. "사람은 추억을 먹고 산다"는 말 또한 그냥 생겨났을 리 없다.

고향과 추억을 만들어 주자

현재 도시에서 살고 있는 중장년층 이상 많은 사람의 고향은 시골이다. 이들은 농촌문화를 익히며 성장했고, 성인이 되면서 고향을 떠나 도시문화에 유입되었다. 시골과 도회지를 모두 아는 이들의 삶과 의식은 그 자체로 우리 사회의 소중한 자산이 될 수도 있다. 한 문명과 다른 문명이 만나면 충돌하고 전쟁이 일어나지만, 한 문화와 또 다른 문화가 만나면 상승 효과를 낸다고 하지 않던가. 따지고 보면 이들이 있기에 '고향'이라는 말도, '귀농귀촌'이라는 말도 의미를 지닌다.

그런 점에서 우리 청소년들에게 그리운 고향과 좋은 추억을 만들어 주는 것은 매우 중요한 일이다. 흔히 수재나 영재 등 천재성이 있는 사람은 창조력은 있으나 다른 부족한 점이 있기 마련이다. 무한한 창조력과 천재성이 있는 청소년이 한동안만이라도 도시의 규율과 규칙에서 벗어나 시골에 머물며 자유분방함과 사고의 유연성을 체득한다면, 자신의 부족한 부분을 보완하는 것은 물론이고 문화적 포용력까지 갖춰 천재성을 더욱 크게 발현할 수 있을 것이다.

일본에서 일촌일품(一村一品) 운동으로 유명한 오오야마(大山) 농협은 대규모 농업 공원을 조성하고 있다. 도시인들이 아름다운 추억을 쌓을 수 있게 고향을 만들어 주는 것인데, 이곳에서 농산물 직매장과 음식점도 운영하면서 지역 발전을 위한 동력을 얻는다. 농협이 자력으로 대규모 투자를 하는 것이지만, 깊이 들여다보면 청소년에게 고향과 추억을 만들어 주는 것이 국가적으로도 매우 중요하다는 인식이 바탕에 깔려 있기 때문에 가능한 일로 보인다.

가족(家族)은 곧 식구(食口)다. 즉, 한 집에 함께 살면서 끼니를 같이하는 사람이라는 뜻이다. 적어도 가족이라면 아무리 바빠도 일주일에 한 번 이상은 밥상에 온 식구가 둘러앉아야 한다. 그래야 서로 소통이 되고 평화를 얻으며 아이들은 부모로부터 밥상머리 예절 교육도 받을 수 있다. 이러한 생활이 가능하고 여기에 아름다운 추억까지 덤으로 얻을 수 있는 곳, 그곳이 바로 농촌이며 시골이다.

자연이 있는 고향 농촌에서의 아름다운 추억은 지속적인 국가 발전의 원동력이라는 국민 인식이 필요한 시점이다. 특히 미래 국가의 기둥인 청소년이 마을 공동체 생활을 통해 자연 속에서 농산물과 자연 에너지를 얻고, 지구 환경을 생각하며 즐거운 추억도 쌓을 수 있기를 기대한다. 이것이 바로 21세기가 요구하는 신토불이(身土不二)적 삶이다.

9월 4일은
'고향사랑의 날'

전체 인구의 50% 이상이 수도권에 거주하는 상태는 국가안보적으로도 매우 중요한 과제다. 2018년 정부산하 기관이 발표한 지방소멸보고서에서는 전국 지자체의 약 50%가 30년 이내에 소멸 가능성이 있다고 발표했다. 지방의 소멸은 바로 국가 멸망의 지름길이라고 할 만큼 중차대한 민족의 과제다.

이를 다소라도 개선하기 위해 농산촌의 지자체에 고향사랑기부제를 통한 도시의 자금이 흘러들어와 지역사회가 유지·발전되기를 기대한다.

우선 이 제도의 명칭을 살펴보면, 한국은 '기부금'이라는 표현으로 국민 정서에 호소하는 자발적 참여를 유도하고 있고, 일본은 강제적으로 요구하는 듯한 '세금'이라는 명칭을 사용했다. 우리의 고향사랑기부제라는 명칭만 보면 일본의 고향납세보다 훨씬 부드럽고 국민 정서에 호소하는 선진적인 사례로 느껴진다.

2023년 9월 4일은 고향사랑의 날

2023년 9월 4일, 제1회 '고향사랑의 날'에는 정부 주관 기념식과 함께 고향사랑기부제 답례품과 기부금사업 전시회, 고향사랑기부제 발전방안 토론회, 기념음악회 등이 진행되었다. 이러한 노력이 고향사랑기부제의 발전을 위한 기폭제가 되기를 기원한다.

인구의 집중도가 우리와는 다소 다르지만 일본은 동경과 오사카의 인구집중 문제에 위기의식을 가지고 50년 전부터 지방소멸 문제를 논의해왔다. 우리는 분단국가이면서도 지방소멸에 대한 위기의식이 다소 부족한 것이 사실이다. 역사적으로 보아도 우리는 중앙집권적 통치체제를 오랫동안 유지해왔으며 지방의 산업을 일으키는 정책이 부족했던 면이 있다. 반면에 일본은 막부체제를 거치면서 지방분권의 실행으로 지방만의 특수한 산업과 특산품이 지금까지 유지되고 있으며 세계에서 장수기업이 가장 많은 나라이다. 이렇듯 일본은 그 지역의 특산품이 고향납세의 인기 답례품으로 활용되고 있다.

그러나 우리만의 장점도 있다. 우리나라는 산업화 이후 수도권 인구팽창의 원인이 농촌 지역에서 수도권으로의 인구 유출이었다. 지금 도시 지역에 거주하는 대부분의 주민은 고향에 대한 긍정적 경험과 향수를 가지고 있다는 뜻이다. 자선단체인 아름다운재단의 조사에 의하면 우리 국민의 GDP 대비 기부액이 0.75%로 일본의 0.23%보다 세 배가 높은 수

준이라고 한다. 이러한 점이 고향사랑기부제 발전의 매우 중요한 원동력이 될 것으로 믿는다.

다양한 경로로 기부금을 낼 수 있어야

우리가 사용하는 고향사랑기부제 전용 홈페이지인 '고향사랑e음'은 행정안전부가 주관하고 공공기관인 한국지역정보개발원이 개발·운영한다. 하지만 홈페이지를 이용하기가 어렵다는 비판이 많다. 필자도 고향에 다소라도 기부금을 내기 위해 '고향사랑e음'에 접속하고 회원가입과 로그인을 수차례 시도했으나 실패했다.

이런 경우 농협 창구에 가서 오프라인으로 기부를 진행하더라도 답례품을 받기 위해서는 '고향사랑e음'에 접속하고 로그인을 진행해야 한다. 오프라인 기부 시행 이유가 인터넷 사용이 어려운 분들을 위한 것이니 답례품선택도 오프라인으로 할 수 있어야 한다.

일본 나가사키(長埼)현의 히라도시(平戶)와 니이가타(新潟)현의 아카(阿賀)읍 등 전혀 알려지지 않았던 지자체가 지역 산업과 연대하여 세수의 50% 이상을 고향납세로 조달하는 것을 보면 일본의 고향납세제도는 성공했다는 견해도 있다.

우리 국민 모두는 고향사랑기부제에 대한 심리적 부담도 거의 없으며 오히려 고향에 관한 애틋한 추억을 가지고 있다. 따라서 포털사이트에 접근을 보다 용이하게 하고 사용처에 대한 이해가 된다면 기부금의 확대와 농촌 문제의 해결도 가능하다고 본다.

자신의 거주 지역을 사랑하는 사람이 그 거주 지역에 기부할 수 없다는 점도 이해하기 힘들다. 그래서 이웃 지역과 짜고 서로 상호 교차 기부를 하는 꼼수 기부도 벌써부터 일어나고 있다는 이야기를 들었다.

기부 제도가 정착되더라도 복잡한 정치·경제적, 문화적 요소가 병존하기 때문에 수도권 인구집중 상태가 완전히 해소되기는 어려울 것으로 보는 견해도 있다. 각 지자체가 서울보다 좋은 환경과 매력을 제공하지 못하면 서울공화국은 계속될 수밖에 없다.

고향사랑기부제가 시작되었으나 이 제도를 일본처럼 성공적으로 안착시킬 수 있을지는 미지수이다. 한국은 일본 이상으로 도시와 지방의 격차가 심하다. 막부시대인 에도시대를 지나면서 자기 지역은 자신들이 먹여살려야 하는 지방분권의 경험이 있는 일본과는 달리 한국은 역사적으로 왕에 의한 중앙집권 국가였기 때문이다. 그러므로 제도를 더욱 철저히 정비하고 발전시켜 성공에 이르도록 노력해야 할 것이다.

기부금의 사용처에 대한 투명한 정보 제공

기부금 사용처에 대해 '지역 발전'이라는 정도로 애매하게 표현하고 있을 뿐 가시적인 사용처를 발견할 수 없는 것도 문제이다. 지역의 주민과 공직자가 기부금을 많이 받기 위한 아이디어 발굴이 매우 중요하다는 점에서 다양한 기부금의 사용처를 개발할 필요성이 있다.

일본은 2015년 고향납세의 기부금 상한을 크게 확대한 것이 기부가 급증한 원인이 되었다. 한국에서는 개인만 기부가 가능하고 법인의 기부는 불가능하다. 법인도 지역사회의 발전은 물론 기업의 이미지 개선을 위해서 기부가 가능해야 한다.

제2장

지방 발전에 국가의 명운을 거는 일본

일본의 '지방 발전 전도사' 파견 정책

일본의 경우 수도권 인구집중에 의한 지방 인구감소를 해소하고 지역의 활력 향상을 위한 정책으로 '지방창생(지방발전)'이라는 신조어를 만들어 사용한다. 지방창생 정책은 2014년 아베 수상이 기자회견에서 발표하였는데 많은 지역에서 지방 발전을 위해 다양한 활동을 하고 있다.

일본 정부는 '지역, 인재, 일자리 창출'이라는 비전을 실현하기 위해 지방 발전의 4가지 기본 목표를 발표했다. 1) 안심하고 일할 수 있는 지역사회, 2) 새로운 인재가 쉽게 접근 가능한 지역사회, 3) 결혼·출산·자녀교육이 가능한 지역사회, 4) 사람이 모여들고 안심할 수 있는 생활이 가능한 매력적인 지역사회 창조가 그것이다.

중앙정부는 각 지자체가 추진하는 사업에 대해 지방 발전 교부금을 적극적으로 지원한다. 지방 발전을 성공시키기 위해 적합한 인재를 발굴해서 지자체의 크기에 관계없이 필요한 곳에 알맞은 인재를 파견한다. 국가 공무원, 대학교수, 싱크탱크 등의 민간기관으로부터의 파견도 가능하다.

지방 발전 전도사 파견

일본 정부는 지방 발전 정책을 의욕적으로 추진하는 지자체에 지방 발전 전문가를 소개해 지도와 조언을 받도록 한다. 일본 내각부에는 지방 산업과 농상공 분야에 148명, 지역발전 분야에 149명, 관광업 분야에 135명 등 총 394명의 지방 발전 전문가가 등록되어 있다. 이들의 지원이 필요한 경우 지자체가 적당한 전문가를 초청해 상담도 가능하다. 중앙정부가 직접 지원해야 한다고 판단되면 내각부의 종합컨설팅 지원 예산 범위 내에서 직접 지원할 수도 있다.

디지털사회에 대비해서 디지털에 관한 지식이나 경험을 가지고 있는 전문인력 파견도 가능하다. 지역사회가 필요로 하는 인재를 전국적으로 발굴하고 파견해서 지방 발전의 가능성을 높여준다.

또한 지방 발전을 위해 필요로 하는 정보를 적극적으로 제공한다. 지역경제 분석시스템을 도입하고 산업·인구·관광 등의 지역경제에 관한 다양한 빅데이터를 가시화한 시스템을 적극적으로 제공하고 지원한다.

지방 발전 정책을 어떻게 운영할 것인가

지역 발전을 위해서는 지역에 잠재되어 있는 자원의 활용이 매우 중요하다. 지방 발전에 있어 전혀 새로운 것으로의 방향 전환은 리스크가 크기 때문에 우선은 본래 있는 자원과 산업의 장점에 착목하여 이를 활용해서 해결하는 방법을 찾는 것이 중요하다. 이제까지 그냥 있었던 자원이나 산업이라 하더라도 장점 발굴에 중점을 두고 이를 활용하는 방법을 찾는 것이 필요하다. 이제까지 의식하지 못했던 자원, 역사적 사건이라도 보는 견해에 따라 새로운 활용가치를 발견할 수 있기 때문이다.

두 번째는 민과 관의 협력과 연대 강화가 필요하다.

지방창생은 다양한 사람들의 연대와 협동이 매우 중요하다. 행정이 일방적으로 추진하는 것은 기업이나 주민이 방관자가 되어 실질적인 지방 발전이 불가능하다. 기업, 지자체, 주민이 연대와 협동을 통해 주민 모두가 주도적으로 추진해야 제대로 된 지방 발전이 가능할 것이다.

세 번째는 지속가능한 모델이 개발되어야 한다.

일시적으로 인구가 늘고 고용이 늘었다고 해도 결국 그 지역이 소멸되는 경우가 있다. 그래서 지방 발전 정책은 일회성으로 끝내지 않고 지역 내에서 활력을 유지하며 지속가능하게 수행하는 것이 매우 중요하다.

지방 발전의 성공 사례를 살펴보면 홍보력, 외부와의 교류, 행정과 기업의 연대가 매우 중요하다. 농촌 지역에는 농특산물이나 요리 등 매력적인 것이 많은데 이를 상품으로 재포장하고 소비자에게 알리는 홍보력이 부족한 지역이 많이 있다. 외부와 교류하지 않고 관광객을 수용하려는 의지가 없는 지역이나 행정과 민간기업의 연대가 원활히 되지 않는 지역도 있을 수 있다. 홍보력과 함께 외부와의 교류, 행정과 기업의 연대는 지방창생을 위한 중요 포인트다.

한편 급할수록 돌아가라는 말이 있다. 행동으로 시행하기 전 다른 지역의 성공 사례를 철저하게 분석해 보는 것도 매우 중요하다. 성공 사례만이 아니라 실패 사례도 분석해 보아야 한다. 실패 사례를 분석하는 과정에서 성공의 열쇠도 발견할 수 있기 때문이다. 다소의 관점과 생각을 바꾸면 발전 방향이 보일 수도 있다. 꾸준한 노력과 더불어 정책을 지속적으로 실행하면 그 노력의 결과는 5년, 10년 후 열매를 맺을 것이다.

지역소멸대응기금법 시행으로 지자체 30%에서 인구 증가

예로부터 "사람은 서울로, 망아지는 제주도로"라는 말을 많이 썼다. 사람도 동물도 적당한 곳에 살아야 발전한다는 뜻일 것이다. 그 말대로 우리는 교육과 의료서비스를 받기 좋고, 취직과 출세를 위해 서울, 경기 등 대도시로 이주해 살아왔다. 지방에서 태어나 지방 주민들의 협력으로 성장한 사람이 대도시에서 생활하고 취업해 세금은 모두 대도시 지자체에 납부해 왔다. 그렇게 해서 광역 대도시 중심으로 편중된 국가를 이루어 온 것이 오늘날 우리의 실정이다.

우리나라에서는 국가의 균형 있는 발전, 지방과 대도시의 격차 해소, 인구감소 지역의 세수 감소 해소, 지역 경제 활성화를 목적으로 2022년부터 지방소멸대응기금법, 2023년부터 고향사랑기부금법이 시행되고 있다. 지방소멸대응기금법은 86개의 소멸 위기 지자체에 2023년부터 10년 동안 해마다 1조 원의 지방소멸대응기금을 지원해서 인구감소로 인한 지방소멸 위기에 적극 대응하도록 했다. 고향사랑기부제는 개인이 지방자치단체에 일정 금액을 기부하면 금액에 따라 일정 비율로 세액공제 하는 제도로 2023년부터 시행되고 있다. 기부금 10만 원 이하는 전액, 10만 원 초과 기부는 16.5%의 세액공제를 해준다.

고향사랑기부제의 성공 여부로 지자체장을 평가

일본은 후쿠이(福井)현의 니시가와(西川一誠) 지사가 고향기부금 공제제도 도입을 제안한 것이 출발점이 되어 2008년부터 고향납세제도를 시행하고 있다. 15년이 지난 현재, 소멸 예상 자치단체의 30% 정도가 인구증가와 지역경제 활성화의 효과를 보고 있다. 현재까지 개발된 지역 특산품 종류도 10만 개가 넘는다. 일본 정부는 각 지역의 고향납세제도 성공을 위해 지방창생 전도사 394명을 육성하여 지자체에 파견·지원하고 있다.

다소 늦은 감은 있으나 모처럼 마련된 우리 정부의 지역사회 유지·발전을 위한 정책이 반드시 성공해야 한다. 지방소멸대응기금법과 고향사랑기부제의 성공 여부는 각 지자체의 공직자와 농업인의 관심에 달려 있다. 시장·군수는 정치가가 아니다. 지역 주민의 생활을 돕는 지역 경영자라는 것을 명심해야 한다.

이를 잘 활용하여 지역사회 내에서 일자리 창출과 농특산물 판매가 증가된다면 지역경제가 활성화된 지역과 그렇지 못한 지역이 나올 수 있다. 어느 군이 1등이고 어느 군은 꼴찌가 되는 결과가 숫자로 나타날 것이다.

그러므로 지자체장의 다음 재선 여부는 고향사랑기부제의 성공 여부에 달려 있다고 본다.

지자체는 창의적인 계획을 어떻게 수립하고 새로운 사업을 창출할 것인지 고민해야 한다. 외부 전문가와 학자들의 조언을 받을 수는 있지만 전적으로 지역 내의 공직자와 주민들이 아이디어를 내고 창의력을 발휘해서 중앙정부에서 지원해준 정책을 성공시켜야 한다.

고향사랑기부제를 성공시키기 위한 후속 조치도 나와야 한다. 중앙정부와 농민단체 등이 협력해서 중앙정부 내에 인재풀을 설치하고 파견하는 방안도 검토할 수 있다. 일본의 경우 역사적으로 지방자치의 경험이 축적되어 있지만 중앙정부가 지역경제 활성화 전도사라는 이름으로 394명의 전문 인력을 확보해서 언제나 필요한 곳에 지원하고 있다.

현재의 지자체장과 2023년에 전국에서 일제히 선출된 농협조합장은 이 제도의 성공을 위해 관심 가지고 추진해야 한다. 농협은 농특산물의 부가가치 창출과 지역경제 활성화를 위해 중심적인 역할을 해야 하는 생산자 단체이다. 지방소멸대응기금법과 고향사랑기부제 시행에 따라 지자체 공직자와 농협 등의 농민단체 임직원을 대상으로 특별 연수 및 교육과정도 필요하다.

일본은 고향납세제도를 운영한 지 15년이 되어 이용 규모도 확대되었고, 기부를 받은 각 지역에 세입이 증가하여 다양한 효과가 나타나고 있다. 각 지자체의 95%에서 고향납세제도 덕분에 지역 특산품의 인지도가 높아졌고 30%의 지자체는 관광객이 늘었다.

고향납세제도는 일본 최고의 농촌 정책

일본 고향납세제도의 답례품 정책으로 지방 산업이 활성화되고 새로운 고용의 창출이 나타나고 있다. 2023년 3월 기준, 전국적으로 9,654억 엔(약 9조 6천억 원)의 새로운 농특산물 시장이 탄생했다. 또한 지자체의 지명도가 높아져 관광 촉진과 이주자 증가 현상도 나타나고 있다. 오직 답례품 중심의 기부금 모집이라는 비판도 있으나 모처럼 농산촌 지역에 자금 순환 현상이 나타나고, 제도 본래의 취지에 맞는 활용 방법을 찾는다거나 새로운 특산품 개발 움직임도 나타나고 있다. 인기 있는 답례품으로 농작업 체험형 답례품도 증가하고 있다.

미야자키(宮崎)현의 미야코노죠(都城)시는 1년에 60만 명의 고객과 135억 엔의 기부금 모집으로 3회 연속 고향세 기부액 1위를 차지했다. 15년 동안 가장 인기 있는 답례품은 '소고기, 유기농 쌀, 바닷가재'로 알려져 있다.

이이다(飯田)시는 고향 농특산물 판매의 목적이 "돈벌이보다 사람을 버는 것"이라고 하면서 도시인의 안식처 제공과 저변 확대를 꾀하고 있다. 이를 보면 고향사랑기부제는 지방자치단체장들의 아이디어 경쟁의 무대라는 생각이 든다.

북해도의 히가시카와(東川)읍은 고향납세라는 강제적인 이미지를 탈피하고 자발적으로 지원한다는 기분을 느끼도록 고객을 주식회사의 주주(株主)로 대우하고 지역 발전을 위해 참여한 투자자로 대우하고 있다.

2011년 미야기(宮城)현의 최남단 태평양에 인접한 야마모토(山元)읍은 주로 딸기를 재배해 왔으나 동일본 대지진으로 괴멸적인 피해를 입었다.

이를 계기로 동경에 있던 IT 전문가 이와사 히로키(岩佐大輝) 씨가 고향에 돌아와 IT를 구사해서 최고급 딸기(한 개 1만 원) 재배에 성공해 고향을 살린 사례도 있다.

일본의 일부 학자들은 고향납세를 통해 농특산물의 새로운 도매시장이 탄생했으며, 농산물 유통 혁명이 일어나고 있다는 견해를 피력하기도 한다.

농산물의 유통 혁명을 이루자

우리의 지방자치단체와 농협 등 농민단체는 농특산물 쇼핑몰 창설과 사무전산화 작업을 지원해서 소비자들이 신속하고 간편하게 접근할 수 있도록 해야 한다. 농협의 전국 네트워크에 고향사랑기부제에 대응하는 신토불이 코너(농특산물판매 코너)를 만들어 판매와 정보 제공 등으로 이 정책의 성공을 지원하길 바란다. 우리도 수년 경과하면 '어느 시군이 고향사랑기부금 1등'이라는 기사가 나올 것이고 '어느 농협이 몇 등'이라는 기사도 볼 수 있을 것이다.

고향사랑기부제를 통해 우리 국민의 자발적인 기부문화를 발전시킬 수 있다는 견해도 있다. 일본보다 다소 늦게 출발했지만 일본은 '세금'이라고 명명한 것에 반해 우리는 고향사랑 '기부금'에 방점을 찍은 것이 신의 한 수라고 느껴진다.

일본의 고향납세
-교류, 관계인구 증가

일본은 인구의 수도권 집중과 지방소멸이라는 위기의식을 감지하고 고향납세제도를 도입한 이래 계속해서 발전시켜 오고 있다. 여기에서 한 걸음 더 나아가 새로운 방향을 모색해야 한다는 주장도 나온다.

납세자를 미래의 지역 주민으로 모시는 야마가타현

기부금액 확대보다는 기부자와 어떻게 밀접한 관계를 만들 것인지가 중요하다. 답례품의 과잉 경쟁이나 단기간 목표 달성 등의 문제보다 인지도를 확대하고 빈번한 교류와 관계 인구를 확대하는 것이 더 중요하다.

일본에는 고향납세 답례품 아이디어 경진대회를 개최하는 곳도 있다. 지역경제 활성화를 위해 주민들의 아이디어를 모집해서 상품의 매력을 부각시킴은 물론이고 이야기가 있는 답례품을 개발하기 위해서다.

야마가타(山形)현에서는 미래의 지역 주민을 개발하기 위해 3년 연속 현에 기부한 사람을 대상으로 야마가타 현민으로 인정하고 지역 내 거주 체험형 답례품을 제공한다. 또한 야마가타클럽 회원카드를 제공하고 야마가타를 위한 모니터요원으로 위촉한다.

국민의 80%는 미이용자

고향납세제도를 시행한 지 15년이 지난 지금 일본의 고향납세 이용자는 20%이다. 즉, 80%는 아직 이용하지 않고 있다. 이용하지 않는 이유는 대부분 '이해하기가 어렵다'는 것이다. 이용자의 실태를 보면 다음과 같다. 일본 국민 중간자의 소득은 437만 엔이다. 이들의 주민세는 5~6만 엔 정도다. 그래서 그들의 고향세 납세 규모는 5~6만 엔이 되고, 고향세 납세 답례품은 1~2만 엔이 된다. 따라서 80%의 잠재시장이 있다는 점을 염두에 두고 일시적인 인기보다는 미래의 주민 유치에 초점을 두어야 한다. 이렇게 보면 이 정책의 발전 가능성이 무궁무진하다고 할 수 있다.

향후 답례품이 증가하고 기부액도 점진적으로 증가할 것이다. 여기에서 광고를 많이 하고 지자체 간에 과당 경쟁하면 정부는 규제나 제한 조치를 취할 것이다. 그러므로 무리한 경쟁보다는 지역의 매력을 발굴하고 인지도를 높여서 기부금을 모으는 것이 중요하다고 본다.

기부금 사용처의 투명화

기부금이 증가하고 답례품 생산도 늘어서 지역경제 역시 활성화 되었으나 기부금이 어디에 사용되었는지 투명하지 않은 경우가 발생할 수 있다. 지방자치단체는 주민의 요구를 수용하고 기부금 사용처를 투명하게 공개해 납부자의 신뢰 획득은 물론이고 지역의 경제가 선순환 되도록 해야 한다.

일본의 경우 고향납세를 일과성으로 끝내지 않기 위해 2017년 고향납세자치연합을 설립했다. 고향납세의 이념과 취지를 폭넓게 주지시키고 이용률 확대를 위해서 8월과 11월을 '고향납세월'로 정했다. 8월은 도시 주민이나 귀성객에게 제도의 이념과 취지에 대해서 홍보 활동을 집중적으로 실시한다. 11월은 '고향납세 이용 촉진월'로 정해서 고향의 추억을 생각하고 고향을 후원하는 국민운동의 달로 정해 이 제도의 취지를 전달하고 있다.

고향납세를 통한 지역 활성화

고향납세는 숫자로 결과를 나타내기 때문에 공직자나 농협 직원의 의식을 향상시키는 가장 적당한 정책이다. 수차례 전국 1등을 한 미야코노죠시는 고향납세가 지역 홍보, 지명도 향상, 관광객 증가로 연결되어 지역 활성화를 이룬 성공 지역이다. 시장 스스로가 시장이라는 관직이 아니라 CDO, 즉 최고디지털책임자로서 행정의 디지털화를 추진하고 있다. 지방 행정의 디지털화는 수도권과의 물리적 거리를 단축하는 중요한 정책 수단이라고 본 것이다.

북해도에서는 시라누카(白糠)읍을 거점으로 한 아이누족을 테마로 하여 영화를 제작했다. 시라누카읍은 주민과 행정 모두가 영화 제작을 지원하고 협력했다. 영화제작비는 영화제작회사의 제안을 받아들여 기업 고향납세제도를 활용했다. 이 읍은 동경의 한 호텔에서 '북해도 시라누카 읍 고향납세감사제 2020'을 개최하기도 했다.

일본 고베(神戸)대학의 한 교수는 고향납세제도를 지금까지 지방의 문제를 해결하기 위한 정책 중에서 가장 효과적인 정책이라고 평가한다. 기부를 한 사람들을 대상으로 진행한 설문조사 결과를 보면 80%가 그 지역을 방문하고 싶은 생각을 가지고 있는 것으로 나타났다. 고향납세는 주민의 입장에서 유일하게 세금의 사용처를 납세자가 직접 선택하는 세금이라는 특징이 있다. 고향납세자는 자기가 지불한 세금이 투자된 결과가 눈에 보인다는 통쾌함을 느낄 수 있다는 장점도 있다.

고향납세의 장점

고향납세의 장점은 다음과 같다.

1. 납세자가 세금이라는 자원의 사용처를 직접 선택한다는 점
2. 도시인들이 고향과 자연의 소중함을 인식하게 된다는 점
3. 국민의 자치의식의 함양에 도움이 된다는 점

국민의 97%가 크라우드 펀딩 형태를 통해 세금의 사용처를 납세자가 직접 선택할 수 있게 해달라고 요구하고 있다. 일본은 기부자가 선택하는 곳에 고향납세금을 사용하는 실적이 현재 16%에 불과하지만 점점 증가할 것으로 보고 있다.

지역경제 활성화 성공의 열쇠는 젊은이, 외지인, IT 전문가

지역사회 발전을 위해서는 먼저 중심이 되는 인물이 있어야 한다. 도시에서 태어나 회사에 근무한 경험자의 아이(I)턴, 장기간 고향을 떠나 대도시에 있는 자가 유(U)턴한 경우 혹은 고향은 아니지만 도시의 회사에서 근무한 경험 있는 아이턴한 젊은이가 지역 발전의 기폭제로 활용되는 사례가 많이 있다.

일본의 동북쪽 미야기(宮崎)현의 경우 도시에서 아이턴한, 벤처기업 경험을 가지고 있는 젊은이가 동일본 대지진 피해를 계기로 지역의 장점을 재발견하고 딸기 재배의 IT화를 이루어 큰 성공을 거두었다. 아무도 생각하지 못하는 곳에서 혜성처럼 보물을 발견한 것이다.

시마네(島根)현 아마(海土)읍에서 '순의환(巡の環)'이라는 회사를 설립한

도요타 자동차 출신 아베(安部) 씨, 오카야마(岡山)현 니시아와구라(西栗倉村)에서 '숲의 학교'를 개설하여 지역을 활성화한 마키 씨 등의 사례에서도 볼 수 있듯이 젊은이가 지역 발전의 큰 요소임을 알 수 있다.

위의 사례들은 경제가 침체되어 시들어가는 지방에 외지인이 들어와 외부인의 관점으로 지역 주민들이 발견하지 못한 장점을 발굴해서 사업을 일으킨 경우이다.

농업의 IT화는 불가피하다

농촌 성공 사례의 대부분이 IT를 이용한 점에 주목해야 한다. IT 능력이 높은 세대가 사업을 견인하는 사례가 많이 있다.

미야기현의 미가키 딸기처럼 딸기 재배를 모르던 사람이 재배 환경이 다른 100개 딸기 농가의 데이터를 수집해서 1년에 1사이클로 100년 재배해야 얻을 수 있는 데이터를 수집했다. 수집한 데이터를 분석해서 최적의 재배 환경을 만들어 주어 단위 면적당 수확량을 높이고 최상 품질의 딸기를 생산한 것이다. 동시에 포장 방법도 개선해서 딸기 폐기율을 최소화하고 이익을 최대화 했다. 농업·어업과 같은 1차 산업도 이제부터는 전산화가 불가피하다.

미가키 딸기 아카데미는 딸기 재배에 관한 최신 기술 지도는 물론 판매까지 취농 희망자에게 맞춤형 영농 지도를 한다. 딸기 재배 기술을 표준화해서 미경험자나 법인에게 최단 1년간의 교육으로 신규 재배가 가능하도록 기술을 제공한다. 이렇게 재배한 딸기는 동경의 백화점에서 1개에 1,000엔(약 1만 원)에 판매된다.

계획을 수립하고(Plan), 실행해서 데이터를 수집하고(Do), 그 데이터를 분석해서(Check) 실제 행동으로 옮기는(Action), 즉 PDCA 순환을 계속해서 정밀도를 높여가지 않으면 모든 기업의 생존은 불가능하다는 일반 기업의 논리가 농업에도 적용되어야 한다. 사업인 이상 경쟁 상대는 전국 어디에나 있다는 것을 항상 인식하고 있어야 한다.

인재 양성은 지방 발전의 핵심

침체되어 가고 있는 지방에 활력을 가져오기 위해서는 외부인의 관점과 젊은이의 IT 능력이 중요하다. 이러한 활동을 장기간 계속하기 위해서는 인재 양성과 더불어 그 인재가 마음껏 활동할 수 있는 장소를 만들어 주어야 한다.

오카야마(岡山)현 니시아와구라(西粟倉)읍은 폐교를 활용해서 '숲속의 학교'라는 사무소 겸 교류의 장소를 만들었다. 마을의 종합상사라는 생각으로 마케팅을 실행하고 지식과 기술을 공유해서 벤처기업을 만들어 고용을 창출했다.

인재 양성을 위해서는 일터, 연구실, 주택을 지역사회가 확보해 주어야 한다. 지역에서 활동하는 가정에 아기가 탄생하면 그 어린이가 안심하며 자라고 공부할 수 있는 환경을 만들어 주어야 한다. 시마네(島根)현 아마(海土)읍이 실행하는 고등학교 매력화 프로젝트—섬 생활에서만 느낄 수 있는 행복감과 풍요로움이 계속될 수 있게 교육이 공헌할 수 있도록 하는 것—가 좋은 예이다.

역발상이 중요

전혀 쓸모없는 것으로 생각했던 것이 지역 활성화에 도움이 된 사례도 있다. 와카야마(和歌山)현 기타야마(北山)읍에는 지역 주민에게는 쓸모가 전혀 없는 감귤나무가 산재해 있었다. 어느 날 외지의 여성이 이를 대량 매입하는 것을 보고 추적조사를 해보니 감귤이 봄에 삼나무, 소나무 등의 화분증에 효과가 있다는 사실을 알게 되었다. 지금은 이 감귤을 화분증 치료용으로 상품화해서 연간 2억 엔의 매출액을 올리고 있다. 쓸모없다고 여긴 것이 지역 활성화의 보물로 등극한 것이다. 기타야마읍은 일본 정부가 주는 고향납세제도 활용으로 2018년 금상을 받았다.

지역경제의 활성화를 위해 다른 지역의 성공 사례를 시찰하고 그 지역의 조직이나 지식을 자기 지역에 이식하여 운영하더라도 반드시 성공한다는 보장은 없다. 사업을 성공시키는 것도 실패로 가는 것도 결국은 사람의 몫이다. 온 힘을 다해 추진하고 행동으로 옮기는 인재가 지역에 존재하는지 여부에 따라 성패가 달려 있다.

곡성 미실란의 사례-인재가 핵심이다

일본에서 미생물학을 공부하고 박사학위까지 받은 이동현 박사는 귀국 후 전남의 군(郡) 지역을 순회하면서 농민과 군청 직원을 상대로 강의를 했다. 주로 농민과 군의 직원들이 강의에 참석하고 군수 등 높은 사람은 거의 참석하지 않았다.

곡성군에서 강의를 시작하자 맨 앞줄에 고현석 당시 군수가 참여해서 처음부터 끝까지 강의를 듣고 난 후 이 박사를 별도로 만나 곡성군으로 이주해 올 것을 요청했다. 마침 폐교 부지를 놓고 고민하던 때라 그 학교 부지를 사용할 수 있도록 협력하겠으니 책 보따리를 여기에 풀고 함께 농촌 문제를 해결해 보자는 제안을 한 것이다.

이것이 계기가 되어 이동현 박사는 곡성에 둥지를 틀고 미실란 식당을 운영하며, 주변 논 4천여 평에서 친환경 쌀농사를 직접 짓고 있다. 품종 지정 계약재배 면적이 1만 7천 평이나 된다. 유기농 식자재를 사용한 식당인 미실란 식당은 연간 2만 명의 고객이 찾는 곡성의 명승지가 되었다.

2023년에는 내방 고객 4만 명, 유기농 식당인 밥 카페 매출액 8억, 전체 매출액 20억 원을 계획하고 있다.

고향납세로 농산물 유통 혁명
-도시와 농촌 두 개 지역 거주

고향납세 답례품의 유통 경로를 보면 농가와 소비자 사이의 직접거래가 이루어지므로 도매 등 중간 단계 없이 완전한 직거래가 된다. 종래의 유통 경로에서는 중간업자가 개입하여 점포에 진열되고 식탁에 오르기까지 적어도 며칠간의 시간 소비가 발생한다. 그러나 답례품은 도매·슈퍼마켓 등을 생략하기 때문에 신선한 재료가 다음날 도착한다. 특히 채소의 경우 신선도가 높다는 장점이 있다.

새로운 유통망의 출현

이렇게 보면 고향납세 답례품은 유통 혁명으로 발전할 가능성도 있다. 지금도 직거래 통신판매가 있으나 규모는 크지 않다. 그러나 고향납세의 답례품은 직거래의 장점과 즐거움을 소비자가 직접 체험할 수 있는 기회를 제공하게 되고 새로운 고향납세 스타일의 직거래 방식이 전국에 대규모로 퍼질 가능성이 있다.

농가는 농협에 위탁 판매하는 가격보다 높은 가격으로 판매할 수도 있다. 소비자와 농가도 함께 얻는 메리트가 있다. 식료품 비용이 가계에서 점하는 비율은 미국, 영국, 독일 등 선진국보다 일본과 한국이 높다. 식료품의 비용 삭감이 가능하게 되면 소비가 증가하게 되고 실질적인 가처분소득을 증가시키는 효과가 있어 국가경제의 선순환에도 도움이 될 것으로 예측된다.

답례품이 슈퍼마켓 기능을 대체하는 것이 가능해지면 고향납세제도가 종료되더라도 소비자는 계속해서 통신판매와 산지 직거래로 채소를 구입하게 될 가능성도 있다. 이렇게 되면 농산물 시장의 유통 혁명이 일어날 수 있을 것이다.

고향납세는 세수 증대, 산업 진흥, 관광객 유치, 이주 촉진, 재해 대응 등 지역 과제 해결에 기여하게 된다. 고향납세제도와 함께 일본 국토교통성은 일본 국민의 상당수가 도시와 농촌 2개 지역에 거주하는 방향으로 진행될 것으로 보고 미리 대비하기 위한 행정계획을 수립하고 있다.

새로운 납세 제도의 탄생

고향납세제의 시행 초기에는 기부처를 선택할 때 답례품이 무엇인지에 따라 결정되는 경향이 있었다. 그러나 크라우드 펀딩으로 모집하는 경우 답례품보다는 이후 투자되는 사업에 기부자의 관심이 있는 것으로 나타났다. 크라우드 펀딩은 답례품이 없다는 점과 목적을 미리 결정하고 기부금을 모집한다는 점 그리고 기부금의 사용처가 가시화된다는 장점이 있다. 또 기부자 입장에서는 사람의 인정이 있는 따뜻한 기부금으로 여겨진다는 점도 있다.

나가사키현에서는 기독교 관련 유산을 유네스코 세계문화유산으로 추진하기 위해 필요한 비용을 GCF(거번먼트 크라우드 펀딩)로 모금한 사례도 있다. 일본의 48개 지방자치단체가 사람과 동물의 공생을 목표로 프로젝트를 수립해 GCF를 수행한 사례도 있다. 고향납세금을 이용해 야생 고양이, 들개, 은퇴한 경주마의 살처분을 감소시키기 위한 계획으로 GCF를 모집한 것이다.

지역 농업과 홀로 사는 노인 가정을 위한 이바라키현의 쓰쿠바시는 '코로나로 홀로 사는 노인 지원사업'을 GCF로 모금했다. 지역에서 생산된 쌀을 전국의 홀로 사는 노인 가정에 배달하는 사업이다. 2,100만 엔을 목표로 했으나 1,100만 엔을 모금했다.

지방자치단체는 사업의 내용과 모집할 목표액을 명확히 제시하고 기부금을 고향납세로 모금하는 경향이 늘고 있다. 기부금 활용의 투명성을 높일 뿐만 아니라 납세자가 기부 행위에 대한 공헌의식으로 만족감을 느낄 수 있기 때문이다.

고향사랑기부제와 제2의 새마을운동

우리나라 고향사랑기부제의 입법 과정에서 국회 농수산의원이었던 전 황주홍(黃柱洪) 의원과 그 보좌관 그리고 농협중앙회 이성희 회장의 역할이 컸다는 이야기를 실무자들로부터 들었다. 농협중앙회는 20여 명 전문직 직원으로 부서를 만들어 자료수집과 홍보 등의 업무에 신속하게 대응했다. 지금도 전국 방방곡곡에 있는 농협의 조직을 활용해서 농촌과 도시의 균형 있는 발전과 고향사랑기부제를 성공키기 위해 노력해야 한다고 본다. 농협 조직은 1960년대 새마을운동으로 농촌의 발전을 이룬 경험이 있다. 새마을운동은 국제적으로도 농촌 지역 개발의 성공 사례로 인정받는다. 고향사랑기부제를 제2의 새마을운동으로 추진하며 국가 존립의 문제로 생각해서 도시와 농촌의 문제를 함께 해결하기를 기대한다.

새마을운동은 '근면, 자조, 협동정신'과 '잘 살아보세'라는 구호로 빈곤 퇴치와 지역사회 개발을 위하여 1970년부터 전개된 일종의 국민운동이다. 2013년 새마을운동 기록물이 유네스코 세계기록유산으로 등재되었다. 새마을운동은 농촌 지역사회는 물론 도시 지역, 각 단체 등 그야말로 온 국민이 참여한 국민운동이었다. 이를 주도했던 인물도 한호선(韓灝鮮) 농협중앙회 전 회장과 농협의 임직원이 대부분이다. 오늘의 시점에서 도시 농촌의 양극화 문제를 새마을운동과 같은 국민운동으로 승화하기를 기대한다.

고향사랑기부제와 지방 경영
-지모신관

고향사랑기부제의 성공을 위해서는 지방자치단체 공직자의 사명감이 과거 어느 때보다 중요하다. 지방자치단체의 공직자는 주민의 살림을 맡은 경영자라고 생각해야 한다.

지방 행정이 아니라 지방 경영

국경 없는 경제전쟁 시대에 행정 부문의 비효율을 이대로 방치해서는 선진 국가 진입이 불가능하다. 국가 경영의 틀을 만들고 배분을 통해 국토의 균형 있는 발전을 조정해야 하는 공공 부문이 비효율적이라면 민간 부문의 창의와 혁신을 바탕으로 한 자율적인 발전마저 저해하게 된다. 오늘날 공공 부문의 경영, 행정은 국가경쟁력 우위를 결정하는 데 핵심적인 요인이다. 선진국·개도국 가릴 것 없이 전 세계 모든 국가가 정부 부문의 비효율을 극복하기 위해 개혁과 변신에 총력을 기울이고 있다.

관료적 형식주의 타파, 고객만족 중시, 시장 메커니즘의 활용, 끊임없는 혁신 추구 등으로 표현되는 기업가 정신을 행정에 과감하게 도입함으로써 공공 부문의 효율성을 높여야 한다. 시장 원리를 존중하고 규정과 절차보다는 사명과 결과를 중시하며, 고객인 국민을 최우선으로 하는 기업가적 정부로 변화해야만 사회적 욕구 충족은 물론 국가경쟁력을 강화할 수 있다. 행정의 경영화는 피할 수 없는 시대의 흐름이다.

지역사회에 공헌하는 고향사랑기부제

현재 우리는 저출산·고령화 문제와 수도권 인구집중으로 226개 지방자치단체 중 89개가 인구소멸 지역으로 지정될 만큼 심각하다. 그래서 현 정부는 6대 국정 목표의 하나로 '대한민국 어디서나 살기 좋은 지방도시'를 채택하고 120여 국정 과제 중 지방시대 10대 과제를 별도로 제시하고 있다. 정부가 지향하는 지방시대가 구축되면 국가 경영 시스템의 대전환으로 수도권 집중 현상은 완화되고, 지역 발전을 통해 국가 경제가 재도약 할 수 있을 것으로 보고 있다.

고향사랑기부제 시행 초기에는 답례품이 무엇이냐에 따라 기부금이 모이는 현상이 있었지만, 앞으로는 이런 현상에서 벗어나 어떻게 하면 지역사회에 공헌할 수 있을 것인가에 관심을 집중하고 지역사회를 응원하기 위한 사용처를 찾아 기부금을 낼 것으로 예상된다. 자기가 태어난 고향에 기부하는 것도 중요하지만 기부금의 사용처를 선택해서 기부하는 크라우드 펀딩 형태의 기부가 늘어날 것으로 추측된다.

흙은 한국인의 신앙

인류는 땅에서 태어났으며 조상의 피와 땀이 섞인 흙에서 자신의 뿌리와 가치관을 찾는 토착적 생각이 땅과 흙을 고향이라고 여기는 생각과 연결되게 된다. 이러한 까닭에 한국인은 태어난 땅과 흙에서 떠날 수 없고 어느 때고 되돌아가곤 한다. 흙은 물과 더불어 자연의 근간으로, 인생은 흙에서 태어나 흙 속으로 돌아가는 것이 그 행로라 생각하였다. 이것을 선조들은 환토관(還土觀)이라 했다.

원시시대 사람들이 처음 흙을 자각하였을 때, 그것은 일종의 수호신적 성격을 띤 것으로 느꼈다. 그래서 대지를 신앙의 대상으로 섬기는 계기가 생겼다. 이것을 지모신관(地母神觀)이라 한다. 지모(地母)는 모든 사물의 영원한 생명적 근원을 의미한다. 모든 것은 그곳에서 태어나 그곳으로 돌아간다. 땅은 태초에 하늘에 의해 수태하여 천지창조를 하였다. 지모(地母)의 사상은 농업적 전통에서 발생하며 농경적인 풍요를 희구하는 데서 태어났고, 흙은 이로써 한층 은혜로운 존재로 인식되어 땅에서 생산되는 곡물과 함께 신앙의 대상이 되었다.

이런 연유로 한국에서는 오래전부터 농촌의 자연, 토속적인 성격, 농민의 생활 실태 등을 잘 나타낸 흙에 관한 유명한 문학작품이 많다. 대표적으로 이광수(李光洙)의 『흙』(1932), 이무영(李無影)의 『흙의 노예』(1940), 박경리(朴景利)의 『토지(土地)』 등이 있다. 흙은 한국 민족의 신앙의 대상인 것이다.

전 세계적으로 매년 약 500만㏊ 면적의 토양이 유실되고 있다. 1㎝ 두께의 토양을 생성하기 위해서는 200년 이상의 시간이 걸린다고 한다. 그래서 흙의 생태계는 순수하게 보존되어야 한다.

그렇기 때문에 우리 정부는 8월 18일을 '쌀의 날'로 정하고 쌀과 한민족의 관계에 대한 정보를 국민에게 알리려 한다. 또한 9월 4일을 '고향사랑의 날'로 정하고 지방을 활성화하기 위한 국민적 관심과 분위기를 조성하고 있다.

한민족의 고향사랑 정신과 쌀에 관한 관심이 어느 나라보다 강하다는 점이 고향과 지방경제 활성화의 디딤돌이 되기를 기원한다.

일본의 고향납세
-이색적인 답례품

일본의 경우 고향납세제도를 시행한 지 15년이 되었기 때문에 다양한
답례품이 발굴되고 있으며, 지방자치단체의 90%가 답례품을 제공하고
있다. 답례품은 농산물과 가공품, 쌀, 축산물, 전통공예품, 수산물, 공공
시설 이용권, 축제 초대권, 재해지역응원 특산품 등으로 구성되고 있다.

이색적인 답례품으로 기부자를 사로잡다

일본에서는 이색적인 답례품도 다양하게 제공되고 있다. 북해도(北海道)
몬베쓰(紋別)시는 오호츠크해의 빙하가 녹은 물 5kg과 얼음을 기부금 1만
엔에 배달한다. 한여름 더위를 식히기 위해 아주 좋다고 한다.

가고시마(鹿児島)현 도쿠노시마(德之島)는 투우의 명장면을 촬영한 DVD

5매를 5만 엔 기부자에게 답례품으로 제공한다.

오사카(大阪)부 히라가다(枚方)시는 고향납세 답례품으로 자서전 제작 지도를 해준다. 자기의 역사를 기록하고 싶으나 어디서부터 시작할지 알 수 없는 사람에게 손쉽게 자서전을 쓸 수 있도록 도와준다. 소장한 사진과 자료를 보내주면 자서전 제작 순서와 방법을 고향납세 기부금 5만 엔 기부자에게 지도해 준다.

사가(佐賀)현 가미미네읍은 장수풍뎅이 13cm 이상의 암컷과 수컷을 사육 세트로 구성해 고향납세 답례품으로 기부금 8만 5천 엔에 제공한다. 미에(三重)현 스즈카(鈴鹿)시는 고향납세 44만 엔으로 지역 TV 방송의 앵커로 나설 수 있는 방송권리 티켓을 제공한다. 나가사키(長崎)현 사이카이(西海)시는 다지마(田島)라는 무인도 숙박티켓을 고향세 13만 5천 엔부터 54만 엔을 납부한 사람에게 제공한다.

시즈오카(靜岡)현 후지노미야(富士宮)시 타누키(田貫) 호수에서는 '다이아몬드 후지'라는 자연현상을 관찰할 수 있다. 매년 두 차례 타누키 호수에서 나타나는 이 현상은 후지산을 바라보는 사람의 각도나 장소에 따라 다른 시간에 관찰되며, 그 시기는 대부분 4월과 8월 20일 전후로 알려져 있다. 다이아몬드 후지 현상은 후지산 정상에서 태양이 뜨는 순간이나 석양이 가라앉는 순간에 다이아몬드처럼 빛이 나는 태양 빛을 말하는 것으로 신기한 자연 예술로 꼽히고 있다.

야마나시(山梨)현 야마나카호(山中湖)읍은 다이아몬드 후지 현상을 볼 수 있는 시기인 11월부터 2월 사이에 고향납세 답례품으로 다이아몬드 후지 현상의 촬영을 지도해 준다. 이 현상이 보이는 장소와 시간 등은 지역 주민들만 알고 있다. 기부금 1만 엔을 내면 1시간 30분 동안 관람 장소에 안내해 주고 촬영 방법도 지도해 주는 고향납세 체험 답례품이다.

TV 뉴스 캐스터가 답례품

효고(兵庫)현 다카(多可)읍은 지방 케이블 TV에 1년간 출연 가능한 뉴스 캐스터 리포터를 체험할 수 있는 자격을 1년에 1명에게 기부금 100만 엔 (1천만 원)에 대한 답례품으로 제공한다.

와카야마(和歌山)현 나치가쓰우라(那智勝浦)읍은 고향납세 100만 엔으로 30kg 이상의 참치 한 마리를 들고 동경권과 규슈 지역까지 가서 참치 해체 작업을 체험하도록 돕는다.

나가사키현 사카이(堺)시는 고향납세 답례품으로 무인도 숙박 티켓을 제공한다. 숙박 티켓은 성인 2인이 무인도를 대절해서 캠핑이나 야외활동을 즐길 수 있는 이용권이다. 군마(群馬)현 마에바시(前橋)시의 '전철운전 체험여행'은 진짜 전철을 운전해 보는 체험을 할 수 있는 답례품이다.

가고시마(鹿兒島)현 오사키(大崎)읍에서는 75만 엔(750만 원)의 기부금을 받고 개인의 역사를 15분 분량의 DVD로 제작해 준다. "사람은 누구나 인생의 주연으로 살아왔다. 거기에는 분명히 이야기가 있다. 격동의 시대를 살아온 당신이다. 그러니 뒤돌아보는 것도 나쁘지는 않다. 당신의 역사를 DVD로 남기지 않겠습니까?"라고 홍보하면서 개인 역사를 기록해 준다.

건강검진 이용권도 답례품으로 활용한다

미래에 인기가 많을 것으로 예상되는 답례품은 '인간도크(3~7일 동안 입원하여 체계적인 종합정밀 건강검진을 받는 서비스. 긴 항해를 앞둔 배가 도크에 들어가 정비하는 데에서 유래한 표현이다)'라는 이야기도 있다. 고령화 현상은 세계 모든 나라가 피할 수 없는 현상이다. 이에 따라 고령자가 자기 몸의 건강 상태를 총점검해 보는 기회를 고향납세의 답례품으로 제공한다는 것이다.

동경도 하치오지(八王子)시의 뇌도크+인간도크 이용은 고향납세 13만 엔으로 가능하다. 또한 나라현 나라(奈良)시에서는 인간도크 입원과 암 검진이 20만 엔으로 가능하다. 기부액이 비교적 비싸지만 무엇보다 자신의 건강을 위한 답례품이므로 기부자가 증가할 것으로 예상한다.

특산품을 구입하고 고향납세로 대금을 치른다

고향납세는 인터넷으로 신청이 가능한데, IT 이용이 서툰 고객을 위해 최근에는 점포를 운영하는 곳도 있다. 예를 들면 동경도 아사구사의 '고향납세 콘세루쥬', 동경도 신주쿠의 '만남 후루사도 초이스' 등이 있다. 이들은 고향납세 사이트의 내용을 실질적으로 보여주는 점포로서 고향납세 방법이나 인기 답례품을 설명해 준다.

여행 등으로 타 지역 방문 시 특산품을 구입한다면 현금 지불이나 신용카드 결제 외에 고향납세로 지불하는 방법을 선택할 수 있는 점포도 늘고 있다. 점포형 고향납세 '후루사도즈'라고 해서 이바라키현 쓰쿠바시, 치바현 모바라시, 교토부 교탐바(京丹波)읍 등에서 실시되고 있다. 현장에서 기부하고 답례품을 바로 가지고 갈 수 있다는 점이 호평을 받고 있다.

'특산품 구입-지역 방문-은퇴 후 귀촌'의 사이클

우리나라도 2023년부터 고향사랑기부제가 시행되면서 일본 농촌 고향납세제도를 견학하는 사람들이 늘고 있다. 15년 전에 시작한 일본에서 성공적으로 정착되었다고 해서 우리도 성공할 것이라는 보장은 없다. 한국과 일본은 역사적 배경이 다르다. 일본은 500년 전부터 봉건 영주시대를 거치면서 지방마다 특수한 특산품이 발달하였고, 100~200년 된 장수기업, 즉 노포기업이 세계에서 가장 많은 나라다. 그 지역만의 특산품이 존속하고 있고 이들 품목이 고향납세 답례품으로 제공되고 있다.

일본과 같이 지역 농특산품의 맛이 독특하고 훌륭하면 관심 지역에 견학여행을 하게 될 것이다. 수차례 교류하면서 먼 친척처럼 되면, 도시의 직장에서 정년 후 그 지역을 노후생활의 터전으로 생각하고 이주해올 수도 있다. '특산품구입-지역방문-은퇴 후 귀촌'이라는 사이클을 만들 수 있다면 농산촌 지역경제가 활성화되고 소멸의 위기에서 벗어나 활력 있는 지역사회가 만들어질 수 있을 것이다.

모처럼 농촌 지역을 위해 훌륭한 법이 시행되었으니 이를 농촌 지역 발전을 위한 절호의 기회라는 점을 인식하고 농산촌 발전의 기틀을 만들 수 있기를 기원한다.

우리의 고향사랑기부제와
일본 고향납세제도의 차이

고향사랑기부제가 2023년 1월 1일부터 본격적으로 시행되었다. 이 제도는 다가오는 지방소멸을 극복할 중요 정책수단으로 생각하고, 일본에서 이미 시행해서 효과를 보고 있는 고향납세제도를 벤치마킹하여 만든 정책이다.

고향사랑기부제로 모금한 재원을 밑거름으로 지역경제 활성화와 숙원사업을 해결하고, 지역의 복지기금과 인구 유입, 출산 장려에 도움이 되는 사업에 투자한다. 이런 과정을 통해 인구소멸로 침체 되어가고 있는 농산촌 지역에 새로운 활력의 근원을 만드는 것이 이 정책의 목적이다.

일본의 고향납세는 2천 엔만 납세자가 부담하면 기부금 상한액까지 전액 환급해 준다. 이로써 1인당 기부금이 확대될 수 있다. 하지만 우리의 고향사랑기부제는 10만 원까지만 전액 세액공제 되고 그 이상부터 500만 원까지의 기부금은 16.5%만 세액공제 된다. 고향사랑기부제는 답례품을 제외하면 정치후원금과 구조가 비슷하여 1인당 평균 기부금이 10만 원 정도가 될 것으로 추측된다. 총선거가 있을 때 정치후원금이 600억 원 규모이므로 고향사랑기부금도 그 정도가 될 것으로 추정된다. 지방자치단체가 250개이므로 600억 원이 모금된다면 평균 2억 원, 답례품 시장도 180억 원이 될 것이다.

사적인 홍보와 권유 활동의 금지

고향사랑기부제를 알리는 홍보수단으로 전화, 서신, 문자, 방문과 향우회, 동창회 등 사적 모임에서의 홍보와 모금을 법으로 금지하고 있다. 고향사랑기부제 관련 업무를 하는 공무원도 권유 활동이 금지되고 있다. 행정안전부가 설계한 '고향사랑e음' 시스템 구축비가 70억 원이 들었으나 사용자인 고객 중심이 아닌 행정 편의적이라는 비판도 있다. 기부자가 기부금을 납부하기 위해 20분 이상 시간이 걸린다는 불평이 나온다.

고향사랑기부제가 안착하여 농산촌 지역의 소멸을 방지하는 수단이 되기 위해서는 정부 주도의 '고향사랑e음' 독자적 플랫폼만으로는 성공하기 어렵다는 이야기도 나온다.

기부금 사용처의 공개와 다양한 민간 모금 플랫폼이 성공 요인

일본의 고향납세제도의 성공 비결은 기부금의 사용처를 다양하고 세심하게 설정해서 사업의 취지와 목적을 기부자에게 분명하게 알린 점이다. 일본의 다양한 민간 플랫폼은 일본 고향납세제도의 핵심적인 성공 요인이다.

민간 플랫폼은 경쟁력을 확보하기 위해 지역의 차별성을 살린 답례품을 기획해서 개발한다. 앞서 언급했듯이 일본의 한 지자체는 고향납세 100만 엔을 납부하면 관내 지방 TV방송국의 앵커를 할 수 있게 하는 등 아이디어 경쟁이 활발하다. 지역의 현안 사업은 물론 아동, 청소년의 교육 환경 개선, 동물 보호 등 관심 있는 분야에 기부가 가능하다. 이처럼 일본은 사용처 지정기부 프로젝트가 큰 호응을 얻고 있으나 우리의 고향사랑기부제는 지정기부가 불가능하다.

2022년, 일본 지자체의 90%인 1,621곳에서 민간 플랫폼을 통해 모금한 금액이 8,300억 엔(약 8조 원) 규모다. 우리의 경우 기부자는 지자체만 선택할 수 있을 뿐 자신의 기부금이 구체적으로 어떤 사업에 쓰이는지 알 길이 없다. 이에 따라 기부자는 기부에 대한 성취감을 느낄 수 없다. 그렇기 때문에 민간 플랫폼의 참여 등으로 고향사랑기부제가 안착될 수 있도록 해야 한다. 지자체 간 상호 경쟁으로 새로운 창의력의 발휘가 필요하다.

고향사랑기부제는 지방소멸이 바로 국가의 소멸이라는 인식 하에 중요한 정책 수단의 하나로 도입되었다. 인구의 수도권 집중과 이에 따른 지방의 소멸은 국가의 존망이 걸린 중차대한 과제이며, 이를 해결하기 위해 고향사랑기부제를 도입했으므로 반드시 성공적인 안착을 할 수 있도록 국민운동으로 승화시켜야 한다.

제3장

일본의
고향납세 사례

고향납세 활용으로
지역경제를 활성화한 미야코노죠시

일본의 농업신용보증기관과 교류를 시작하면서 1980년 만난 이노우에 스미다다(井上純忠) 씨의 고향, 미야자키(宮崎)현 미야코노죠(都城)시를 방문한 적이 있다. 그의 부모 산소를 함께 참배하고 의사인 그의 형에게 저녁식사 대접도 받았다. 그는 자기 선친이 미야자키현 영주의 주치의이

며 보신탕을 즐겨 먹었다는 이야기도 했다. 이 지역에서는 닭고기 육회를 먹는 식습관이 있다. 그가 한국에 오면 일정을 마치고 귀국하는 날 김포공항 근처에서 보신탕을 먹으면서도 비밀로 해달라는 부탁을 하곤 했다.

벳부(別府)시 파스토랄호텔의 가키자키(金崎) 사장의 안내를 받아 2022년 8월 다시 미야코노죠시를 방문했을 때, 그곳이 고향납세제도의 성공적인 지역이라는 이야기를 들었다. 미야코노죠는 "일본 제일의 고기와 소주의 고장, 마지막 남겨진 자연과 전통문화를 지킨다"는 캐치프레이즈로 일본 전국에 널리 알려졌다.

지역의 경영자원인 사람, 상품, 화폐를 활용해서 지역의 경제 발전을 만들어낸 미야코노죠시의 이케다 요시나가(池田宣永) 시장은 관청에서도 시민이 요구하는 것을 받아들여 결과를 내는 것이 필요하다고 주장했다. 그는 취임 후 9년 동안 '지역을 경영하는 지자체'라는 생각을 중심으로 이 지역의 발전 목표를 분명히 했다. 특히 인재 양성에 중점을 둔 '미야코노죠 발전 방향'을 설정하고, 직원의 능력, 창의적 사고를 발휘할 수 있도록 주도했다. 직원 한 사람 한 사람이 성장함으로써 조직이 성장하고 창의적인 정책이 탄생하며, 시민에 대한 서비스 향상으로 이어진다고 생각했다.

고향납세는 숫자화 된 성적표

이케다 시장은 고향납세가 이제까지 경험한 적 없는 '숫자로 지방 행정의 결과를 나타내는 정책 수단'이라는 주장을 했다. 미야코노죠시는 고향납세제도 도입이 직원들의 의식 향상에 가장 효과적인 정책이라 생각하고 이를 적극적으로 활용했다.

이케다 시장은 시장 취임 전 2008년부터 시행된 고향납세를 2014년 재정비하여 미야코노죠시를 알리는 핵심 정책으로 추진했다. 그 후 연간

2백만 엔 정도에 머물렀던 고향납세 기부액이 2015년과 2016년, 2년간 5억 엔을 달성하여 전국 1등을 했다.

공평·평등을 벗어나 일점집중의 정책을 추진하다

미야코노죠시의 고향납세제도 성공에는 대담한 개념의 재정립이 있었다. 지방 행정에는 아무래도 공평·평등이 원칙이라는 생각이 남아 있으나 이케다 시장은 여기서 벗어나기로 결심했다. 주민들의 반발과 불만이 있었지만 미야코노죠가 가장 자랑하는 '고기와 소주'를 특화한 고향납세제도를 구축하기로 했다.

이러한 일점집중(一点集中)의 홍보와 추진 덕분에 '고기와 소주의 고장 미야코노죠'로 지명도가 올라가고, 그 후 기리시마(霧島) 등 5개 주조회사가 생산한 소주 생산량이 전국 1위를 달성했다. 또한 포털사이트 라쿠텐(樂天)과 연대하면서 기부액은 단숨에 몇 배가 올라갔다. 현재는 고기와 소주 이외에도 폭을 넓혀 약 130개의 답례품 제공 사업자가 지역 특산품을 생산하고 있다. 기부액의 60%는 라쿠텐 플랫폼을 통해서 들어온다.

사업자들은 협의회를 조직하고 홍보 활동과 사회공헌 활동 등 여러 가지 봉사 활동도 한다. 여기에 시청의 공무원과 포털의 담당자도 함께 관민일체가 되어 절차탁마(切磋琢磨, 부지런히 학문과 덕행을 닦음)하면서 발전시키고 있다.

모금된 기부액 중 50%는 시의 재정으로 쓰이고 나머지는 지역의 사업자나 주민의 서비스 향상을 위해 사용하기 때문에 지역경제의 활성화를 위해 중요한 역할을 한다.

이케다 시장은 고향납세가 1) 시의 대외적 PR 효과와 전 국민에게 인지도 향상, 2) 지역 산업 활성화, 3) 시의 세수 증가 4), 지방 공직자의 의식 개혁이라는 일석사조를 얻는 지방 행정의 중요 정책이라고 말한다. 이케다 시장은 다른 지역에는 없는 풍요로운 농림축산업, 오염되지 않은 자연, 다음 세대를 담당하는 어린이를 3개의 보물로 생각하고 자랑으로 여긴다.

고향납세제도는 태어난 고향도 아니고 거주하는 지역도 아니지만 애착심을 가지고 있는 지역에 기부로 후원하는 제도다. 이를 홍보하고 답례품을 고기와 소주로 특화해서 시의 이름과 매력을 전국에 발산하는 수단으로 활용했다. 기부금액에 따라 보내는 답례품으로 지역의 식료품이나 공예품(대궁, 목검, 도자기 등)을 조달함으로써 지역경제의 활성화에 기여한다. 그래서 기부금을 지정된 목적에 부합하게 투자함으로써 기부자의 응원에 보답해야 한다.

미야코노죠시는 기부자에 보내는 답례품으로 380종의 품목을 선정하면서도 지역에서 조달된 '고기와 소주'를 주 상품으로 하고 전국의 후원자에게 '고기와 소주'의 이미지를 적극 알리고 있다. 1건당 기부액은 1만 엔(약 10만 원) 이내가 84%이며 전국적으로 폭넓은 지지를 받고 있다.

고향납세-지명도 향상-관광 촉진

미야코노죠시는 고향납세를 통해 지역의 홍보 효과와 지명도가 향상되면서 이를 관광 촉진으로 연결하고 관계인구를 증가시키기 위한 정책도 준비하고 있다.

이케다 시장은 농촌에 있는 보물을 발굴해서 새로운 포장을 하면 전국 어느 지역이나 성공 지역으로 만들 수 있다고 주장한다. 우선 행정이 자기만족적인 관료의식을 바꾸어야 한다는 주장이다. 즉 고향세납세의 기부금액을 목적으로 하지 말고 전국의 도시민을 농산촌 지역의 후원자로 만든다는 생각을 하며 끊임없는 접촉으로 이해시키는 것이 가장 중요하다고 한다.

미야코노죠시는 고향납세로 확보한 재원을 어린이 보육 지원, 환경개선 지원, 지역 활성화에 사용한다. 방과 후 아동클럽을 설치 운영하고, 어린이 보육지도센터를 매년 5개 지역에 설치해서 육아에 어려움이 없도록 적극 지원했다. 또 가임여성의 불임치료비를 100% 시비로 지원했다.

답례품 제공 사업자로 총 84명이 참가하고 있는데, 이들을 중심으로 미야코노죠 고향납세 진흥협의회를 구성해서 신상품 개발 시설 지원, 홍보비 조달, 지역의 봉사활동 비용 지원 등을 수행한다.

고향납세 초기에는 모금액이 1천만 엔 정도였으나 2016년에 73억 엔이 되고 매년 1.7배씩 증가해서 2021년에는 135억 엔(약 1,350억 원)을 달성하여 2년 연속 전국 1위를 하고 있다. 2019년에는 라쿠텐과 포괄연대 협정을 체결하고 관광, 인터넷 쇼핑, 현금 없는 사회 등 라쿠텐이 지니고 있는 데이터를 활용해서 지역의 매력 발산과 관계인구 창출을 가속시키고 있다. 지역의 경영자원(사람, 상품, 금전)을 활용해서 지역 발전을 위한 지방자치단체 경영을 실천한다. 개성과 매력이 있는 지방으로의 전환이 요구되는 시대에 다른 지방자치단체와 경쟁하면서 끊임없이 절차탁마하는 민간 기업의 감각을 지방 행정에도 활용하고 있다는 점이 미야코노죠시의 특징이다.

이케다 시장은 특히 인재 양성에 중점을 두고 직원의 능력 개발과 적극적 행동력을 발휘하도록 의식 개혁을 했다. 직원 각자가 성장함으로써 조직이 성장하고, 훌륭한 정책이 탄생하고, 시민에 대한 서비스 향상이라는 성과로 연결된다고 주장한다.

고향납세는 지방 경영 성적표

미야코노죠시는 2019년 전국에서 처음으로 '미야코노죠 디지털화선언'을 했다. 이케다 시장 스스로 시장이 아니고 CDO(최고디지털책임자)가 되어 행정의 디지털화를 신속하게 추진하고 있다. 지방 행정의 디지털화는 수도권과의 물리적 거리를 해결하는 중요한 정책수단이다. 동경이 아닌 곳에서도 업무 수행이 가능한 경우를 포함한 디지털화는 지방으로서는 활력을 되찾아오는 필수적인 정책이라는 것이다.

일본 고베대학의 한 교수는 고향납세제도는 개선할 점도 많이 있으나 지금까지 지방 발전을 위한 정책 중에서 가장 효과적이라는 평가를 내리고 있다. 고향납세는 기부를 한 사람에게 특산물 등의 답례품이 배달되고, 수도권과 농촌 사이에 상품과 금전이 순환되는 점이 중요하다. 기부한 사람들을 설문조사해 보면 70~80%가 그 지역을 방문하고 싶다는 뜻을 밝혔다. 이는 도시 지역 주민이 지방에 관심을 갖는 중요한 계기를 만들었다는 평가이자 관계인구 증가를 위한 중요한 정책수단이 될 것으로 평가된다.

고향납세는 주민의 입장에서 유일하게 세금의 사용처를 납세자가 선택하는 세금이라고 볼 수도 있다. 국민은 보통 지불한 세금이 어느 분야에 사용되었는지 알 수 없다. 고향납세는 자기가 사용처와 기부기관을 결정하므로 주민은 지불의 결과가 눈에 보인다는 통쾌감을 느낄 수 있다는 장점이 있다. 각 지방자치단체도 기부금의 사용처를 가시화할 수 있도록 노력해야 것이다.

고향납세의 선진지 이이다시
-돈 버는 것보다 사람 버는 것

동경사무소 재직 시절 고마쓰 고이치(小松光一) 교수와 나가노(長野)현 이이다(飯田)시 농촌 청년 모임을 견학한 적이 있다. 이이다시는 최근 일본에서 고향납세제도의 성공 지역으로 널리 알려지고 있다.

이이다시는 도쿄에서 버스로 4시간, 나고야에서 2시간 정도 걸리는 교통이 불편한 지역이다. 전에는 양잠이 주요 산업이었으나 지금은 배, 사과, 곶감 등 농산물이 많이 생산되고 낙농 등 축산업도 발전한 인구 10만 명의 농촌형 소비도시이다. 제2차 세계대전 후부터 들어온 정밀기계공업도 이 지역 산업의 한 축을 이루고 있다.

이이다시는 '교육 우선'의 도시로 유명하다. 일본에는 '공민관(公民館) 교육'이라는 독특한 시스템이 있다. 인구 3,000명에 하나 꼴로 공민관이 있는데, 이것은 향토의 부흥과 주민 스스로가 주인공이 되기 위한 민주주의 학교의 운영이라는 목적을 가지고 발족한 일본 특유의 사회교육 기관이다. 공민관에는 행정기관에서 나온 직원이 1명 정도 상주하면서 각종 교육연수 프로그램을 실시하고 행사 주관을 지도하며 상담 활동 등을 한다.

이이다시는 다양한 주체의 협동으로 지역사회를 만드는 지방 도시로 유명하다. 그 하나가 지역 환경권 조례를 근거로 분권형 에너지 자치를 추진하는 것이다. 지역 환경권은 재생 에너지에서 생산되는 에너지를 전 시민이 소유하는 자산이라고 보고, 시민이 재생 에너지를 우선적으로 활용해서 지역사회를 운영할 권리가 있다는 것이다. 그래서 여기에서 발생하는 전기 판매 수익은 전액 지역사회 발전을 위해 사용한다.

재생 에너지는 전 시민의 공유자산

이이다시는 공민관을 통해서 지역 주민들에게 취미생활과 스포츠 등 문화 활동 기회를 제공하는 것은 물론 '이이다의 미래를 어떻게 설계할 것인가'라는 테마에 대해 모두가 생각하고 상호 토론하게 만들었다. 이러한 공민관 교육은 주민들의 의식을 개혁하고 지역에 대한 자부심을 심어줌으로써 오늘의 이이다시를 만드는 데 밑거름이 되었다. 또 도시 지역과의 교류 활동도 공민관 교육이 기반이 되었기 때문에 성공할 수 있었다.

이이다시는 사과나무 가로수로도 유명하다. 1947년 대화재가 발생해 시내 중심부가 전소된 일이 있는데, 다시는 그런 비극이 되풀이 되지 않게 도시계획을 새로 수립하면서 방화벽 역할을 하도록 동서와 남북으로 폭이 넓은 대형 도로를 만들었다. 그리고 1953년 관내 중학교 교장의 제안에 따라 남북으로 연결된 도로의 중심에 사과나무를 심어 중학생들이 70여 년 동안 관리해오고 있다. 이이다시를 찾는 사람들에게는 아름드리 사과나무가 늘어선 시내 중심부의 길을 걷는 것이 인기 있는 관광 프로그램이다.

수학여행을 농촌 체험으로-문부과학성 지침

고령자 비율이 30%인 이이다시는 1995년부터 '워킹홀리데이' 제도를 운영하고 있다. 이것은 농업에 관심이 있는 사람 혹은 농업을 새로 하고 싶어 하는 사람과 일손이 부족한 농가를 연결해 주는 프로그램이다. 농가는 숙식을 제공하고 워킹홀리데이 참여자는 농작업을 하면서 농사 기술을 배우며 자신을 재발견하는 기회로 삼기도 한다. 절반 정도는 3박 4일 일정을 이용하는데 종종 1개월씩 하는 사람도 있다. 워킹홀리데이 참여 인원은 연간 880여 명에 이른다.

일본 문부과학성은 초중고 학생들이 전통문화를 배우고 농업과 식생활에 대한 이해를 높이기 위해 1997년 농촌 체험이 가능한 국내여행을 수학여행으로 정할 것을 권장하는 지침을 각 교육위원회에 시달했다. 문부성은 이후 홈페이지를 통해서 농촌 체험 우수 사례를 소개하고 각종 단체에 강사를 파견하거나 교재를 제공하는 등 교육 현장에 대한 지원 체제를 강화하고 있다. 지역 간 교류나 장기 숙박 체험 등도 추진하면서 전국의 학교는 2005년까지 연간 7일 이상의 농촌 체험 활동을 하도록 지도하고 있다. 이와 때를 맞춰 이이다시는 160여 종의 농작물 체험 프로그램을 개발하고 400여 참여 농가를 선정해 교육하는 등 시스템 정비에 나섰다.

돈 버는 것보다 사람을 버는 것이 먼저

이이다시의 마키노미쓰아키(牧野光明) 시장은 인연을 중요시하는 것이 이 지역의 문화라고 말한다. 그래서 고향납세제도도 기부금을 수령한 후 종료되는 것이 아니고 지금부터가 시작이라고 생각한다. 기부자와 얼굴을 보는 관계를 중요시하고 돈 버는 것보다 사람을 버는 것이 먼저라고 강조한다.

고향납세제도가 도입되면서 이이다시는 특산품에 스토리를 연상시키는 답례품을 만들었다. 이이다시의 자연자원을 지키고 싶다는 이미지가 연상되는 상품으로 소고기, 쌀, 민물장어, 복숭아, 사과, 사과주스 등 40개 품목을 선정했다.

이이다시는 인구 대비 불고기집이 일본에서 가장 많은 지역으로 유명하다. 그래서 답례품으로 육질이 좋은 '이이다산 미나미신슈(南信州) 소고기'를 적극 홍보했다. 2021년 고향납세 실적은 9만 8천 건에 3억 5천 만엔(약 35억 원)으로, 전국 지자체 중 500등 정도로 높은 순위는 아니지만 많은 주목을 받고 있다.

시민의 출자로 태양광 발전

마키노 시장의 아이디어로 '미나미신슈 햇빛펀드'를 만들었다. 공공 건축물의 지붕에 설치한 태양광 발전시스템을 하나의 발전소로 생각하고 전국에서 최초로 시민의 출자를 받아 펀드를 조성했다. 시민만이 아니고 전국에서 기부금을 모아 10년 동안 운영하여 수익을 내고, 투자자에게는 전액 이자를 붙여서 상환했다. 10년 동안 함께 한 외부의 투자자를 중요시한다는 생각으로 출자자를 이이다시에 초청해서 심포지엄과 현지 시찰도 실시했다. 출자자는 자신의 출자금이 어떻게 사용되고 시의 행정에 얼마나 도움이 되는지 눈으로 직접 확인하였고, 대부분 감탄하는 반응을 보였다.

이이다시는 고향납세금의 사용 방향을 매년 공시하는데 1) 관광과 문화의 진흥 사업, 2) 이이다시 인재 육성 지원과 체험 활동 추진, 3) 인형극 만들기 지원 분야에 집중하겠다고 선언했다. 고향납세금의 혜택을 보는 사람과 기부하는 사람이 서로 보이는 관계를 구축하고 성장 산업과 필요한 사업을 발굴해서 시 행정을 계속 발전시킨다는 계획이다.

일본 마니와시의
SDGs 미래도시와 고향납세

마니와(真庭)시는 히로시마(廣島)와 오사
카 중간에 있는 오카야마(岡山)현의 북부에
있는 산림으로 이루어진 산촌형 도시이다.
자연림으로 이루어져 있어 관광자원이 풍
부하다. 오래전부터 목재의 산지로 알려
져 있고 생산·가공·유통까지 시스템이 잘
정비되어 있다. 지금은 목재의 이용은 물
론 목질(木質) 바이오매스와 CLT(직교집성판) 등 목재의 다양한 이용 방법을
개발했다.

인구는 4만 6천 명이지만 20년 후에는 1만 4천 명이 감소하여 3만 2천

명 정도가 될 것으로 예상되는 도시이다. 산업 면에서 보면 1차 산업이 14%, 2차 산업이 27%, 3차 산업이 59%이다. 1·2차 산업은 계속 감소하고 3차 산업은 증가할 것으로 보고 있다. 인구감소 등에 따라 지역 마을의 유지가 어려울 것으로 예상되어 지속가능한 마을을 지키는 것이 시의 중요한 목표가 되었다.

고령자와 장애인을 돕는 상생사회

마니와시는 지역 포괄 케어시스템의 구축, 생활 지원 협력자 권역별 배치를 통해 지역 전체의 고령자와 장애인을 서로 돕는 지역 상생사회의 실현을 목표로 한다. 환경 면에서는 현재 목질 바이오매스 발전 등 재생에너지의 자급률이 30% 정도이나 방범등의 LED화와 마이크로 소수력 발전 설비 등을 갖추어 지역 에너지 자급률 100%를 달성하는 에너지 에코타운 건설을 목표로 하고 있다.

유엔은 2030년을 목표로 한 SDGs 미래도시를 실현하기 위해 매진하고 있다. UN SDGs(유엔 지속가능발전목표)는 빈곤, 질병, 분쟁과 같은 인류의 보편적 문제와 기후변화, 에너지, 환경오염과 같은 지구환경 문제, 노동, 주거와 같은 경제·사회 문제를 2030년까지 17가지 주요 목표와 169개 세부 목표로 해결하고자 이행하는 국제적 공동 목표이다.

이를 뒷받침하기 위해 일본 정부는 내각부에 지방창생추진사무국을 설치하고 이를 종합적으로 지원한다. 도시 집중화를 방지하고 지속가능한 경제사회 시스템을 갖는 도시와 지역사회를 만들기 위해 환경 미래도시 구상을 발표했다. 지속가능한 저탄소사회를 실현하기 위해 저탄소사회의 모습을 구체적으로 지향하고 있는 지역을 환경 미래도시로 선정하고 지원한다. 환경 미래도시는 환경이나 고령화 등 인류 공통의 문제에 대응해서 '환경, 사회, 경제'라는 세 가지 가치를 창조함으로써 살고 싶은 마을, 활력 있는 마을의 실현을 목표로 선도적으로 추진하고 있다.

유엔의 SDGs는 경제·사회·환경의 측면에서 지속가능한 개발을 목표로 한다. 일본 정부가 추진하는 환경 미래도시 구상은 유엔의 SDGs 이념과 동일하다고 볼 수 있다. 최종적으로 환경 미래도시 구상과 SDGs를 동시에 달성하고 지속가능한 경제사회를 이룸으로써 세계 모든 나라의 선진 사례로 발전하는 것이 일본 정부의 목적이다.

2030년 유엔총회에 시민대표 참석을 목표로

일본은 2030년 유엔 총회에 마니와시의 시민대표가 참석하여 연설토록 한다는 목표를 세웠다. 이를 위해 초중고 학생들이 SDGs를 이해하고 세계 각국의 SDGs 활동과 지구환경에 관심을 갖도록 교육 프로그램을 만들어 가르친다. 이들이 마니와시를 지속가능한 사회로 만드는 지도자가 되도록 지금부터 육성한다는 방침이다. 마니와시는 이를 위해 미래담당인재육성기금을 설치했다. 이 기금을 활용해 초중고 학생과 일반 성인들에게 영어교육을 시켜서 SDGs 미래도시 성공 기념으로 유엔총회에 마니와시민 대표를 참석시킨다는 것이다.

이러한 다양한 프로그램과 정책은 지방대학인 오카야마(岡山)대학과 교토대학 미래연구센터의 지원을 받아 시의 공무원들이 만들었다. 마니와시는 자연 에너지로 관내 전기의 50%를 생산하는 유일한 지방 도시이다. 연간 2만 2천 세대분의 전력을 지역 내에서 생산한다. 최근에는 정부가 추진하는 SDGs 미래도시로 선정되어 일본 전국의 주목을 받는 지역이 되었다.

지역사회의 활력이 되는 바이오매스 발전소

일본 츄우고쿠(中國) 산지의 거의 한가운데에 위치하는 오카야마현의 마니와시는 면적의 8할을 산림이 차지하고 있다. 노송나무의 산지로 유명하며 시내에는 30여 개의 목재 가공업체가 조업 중이다. 제재 후에 나오는 폐기물과 산림에서 대량으로 발생하는 간벌재의 효과적인 이용을 목표로 하여 마니와 바이오매스 발전소가 2015년 4월에 운전을 개시했다. 지역 단위로 정비한 목재의 조달 능력에 더해, 목재가공 회사가 쌓아올린 바이오매스 발전소의 운전 노하우를 이용해서 총사업비 41억 엔을 투입하여 연간 23억 엔의 전력 판매 수익을 올린다.

마니와 바이오매스 발전소는 시내 동부 산업단지 안에 입지해 있다. 높이가 25m인 거대한 보일러를 중심으로 발전 능력이 1만kW에 달하는 일본 최대의 목질 바이오매스 발전소다. 하루 24시간 연속 운전을 실시해 연간 330일이나 가동한다. 총원 15명의 직원 체제로, 연료가 되는 목질 칩의 수용부터 저장, 보일러의 연료 투입, 발전 상황 감시까지 완수한다. 종사하는 직원은 전원이 지역 인재들이다.

바이오매스 발전소에서는 간벌재 등 미이용 목재를 연간 9만t, 제재공장에서 나오는 폐기물 등 일반 목재를 5만 4천t가량 사용한다. 바이오매스 발전소 건설에 앞서 현지 산림조합과 목재 가공업체 등이 공동으로

'목질자원 안정공급협의회'를 설립하고 발전용 목재를 산림이나 제재소로부터 안정적으로 공급받을 수 있는 체제를 정비했다.

발전한 전력은 전량을 고정가격 매입제도로 판매하고 있다. 고정가격 매입제도는 바이오매스의 종류에 따라 매입 가격에 차이가 있다. 미이용 목재는 kW당 33.6엔(세금 포함)이며 일반 목재는 25.2엔으로 설정되어 있다. 마니와 바이오매스 발전소에서 사용하는 목재의 비율로 계산하면 매입 가격은 평균 30엔이 되어, 연간 전력판매 수입은 약 23억 엔 정도다.

발전소의 건설에 들인 사업비는 41억 엔(세금 제외)이다. 바이오매스 보일러와 증기터빈 발전기 등 설비 외에 인근 송전설비까지 2km의 송전선을 부설하는 공사비 등으로 사용했다. 여기에 연료비나 인건비는 현지에 환원되어 지역경제의 순환과 발전에 공헌하고 있다.

바이오매스 발전소는 다른 자연 에너지 발전설비에 비해 세심한 운전 노하우가 필요하다. 연료에 많은 종류의 목재를 사용하는 경우 각각의 목재에 포함된 성분과 수분량에 따라 연료의 배분을 조정해야 한다. 마니와 바이오매스 발전소에서는 트럭으로 운반되는 연료 칩의 수분량을 측정해 보일러 운전 상황에 따라 종류가 다른 칩을 혼합한 뒤 보일러에 투입한다. 이와 같이 연료의 조달부터 발전소 운전까지, 인간의 지혜와 시스템을 조합한 효율적인 구조가 만들어져 있다.

마니와시는 일본 최대의 갈색 젖소인 저지(Jersey) 소의 산지로 유명하며, 목가적인 전원 풍경이 펼쳐져 있는 자연 환경에서 생산된 각종 유제품이 고향납세 답례품으로 인기다. 지역에 있는 목조 건축물의 유지와 진흥을 위한 사업, 지역 어린이 보육 지원, 특정 지역을 지정하여 고향납세를 기부할 수도 있다. 2023년 고향납세액은 3억 엔 정도다.

사람과 자연의 순환 – 유토피아 지향

산업을 육성하고 취업 환경의 다양화와 삶의 질을 향상시켜서 지역 내에서 사람과 자연의 순환에 의한 순환경제를 확립하는 마니와 라이프 스타일을 만드는 것이 마니와시의 최종 목표다. 깊은 산속의 에코타운과 에너지 자급이 되는 한적한 지방도시가 일본 전 국민의 주목을 받고 이를 견학하고자 하는 관광객이 찾는 도시가 되었다.

북해도 히가시카와읍의 고향납세

북해도 히가시카와(東川)읍은 고향납세 후원자와 교류인구 증가에 목표를 두고 후원자 모두를 주주로 모시기로 했다. 이 읍의 매력을 향상하는 10개의 사업 중에서 고객이 투자하고 싶은 사업을 미리 선택해서 기부하도록 했다.

북해도의 중앙에 있는 가장 높은 다이세쓰산(大雪山)의 최고봉 아사히다케(旭岳, 2291m)는 읍의 상징이고, 광대한 숲과 녹음이 만든 경관은 관광객에게 인기가 높다. 울창한 숲, 맑은 수자원, 비옥한 토지를 이용하는 농업, 목공업이 번창했고 최근에는 관광업도 발전하고 있다.

이 지역에서는 세 가지 길(道)이 없는 것이 자랑거리라고 말한다. 국도(國道), 철도(鐵道), 상수도(上水道)가 없다는 것이 자랑이자 장점이다. 이는 아름답고 풍요로운 자연자원이 있다는 반증이다. 상수도가 필요 없을 만큼 깨끗한 지하 20m 아래의 수맥에서 물을 끌어올려 생활용수와 음용수로 사용한다. 상수도가 없어서 불편한 것이 아니라 오히려 맑은 자연의 물과 깨끗한 공기, 풍요로운 대지가 있다고 자랑한다. 그래서 이주해오는 주민이 늘고 있는데, 읍의 인구가 2005년 7,700명에서 2023년에는 8,600명으로 늘었다.

특산품이 아닌 '사진'을 지역 활성화 주제로 선정

사진의 마을로 알려진 히가시카와읍은 1985년 6월 1일 일촌일품운동이 한창일 때 세계에서도 드물게 '사진의 마을'을 선언했다. 전국 지자체가 특산품 만들기에 집중할 때 히가시카와읍은 상품도 아닌 사진을 지역 활성화의 주제로 정한 것이다. 그 후 세계의 사진작가를 초청해 히가시카와 국제 사진 페스티벌을 열고, 고교생을 위한 전국 사진 전시회를 개최하는 등 사진을 통해 자연과 사람, 사람과 사람의 만남을 기획했다.

1994년부터는 전국 고등학교의 사진부와 서클을 대상으로 사진경진대회를 매년 개최한다. 예선에는 전국에서 500개 고등학교가 참가하고 본선에 올라간 20개 학교가 히가시카와읍을 무대로 3일간 각각 주어진 테마로 사진을 촬영한 뒤 우승을 경쟁한다. 고교생의 숙박 장소는 지역 주민이 무료로 제공해 준다. 3일간 관내에서 지내고 체험한 농촌생활이 계기가 되어 이 읍을 제2의 고향으로 생각하고 자주 방문하는 팀도 다수 있다. 처음 시작할 때는 타지의 사람들에게 세금을 낭비한다는 견해도 있었으나 읍민 모두가 참여해서 계속해 온 결과 지금은 지역의 중요한 사업으로 인정하게 되었다.

지역 활성화의 시점으로 보면 사진이라는 추상도가 높은 특산품이 갖는 매력은 엄청 크다. 새로운 특산품을 만드는 것이 아니고 마을의 풍경을 있는 그대로 사진의 소재로 제공하는 방법이므로 쓸모없는 투자는 있을 수 없다. 결과적으로, 제공된 것 이상으로 자기 스스로 무언가 창조하는 것을 즐기는 창의적인 사람들이 모이는 기반이 만들어진 셈이다.

고향납세자를 주주로 –1년 6박이 무료

히가시카와읍은 고향납세제도가 시작되면서 기부자가 이 읍을 응원하고 싶고 발전하는 모습을 보며 즐거움을 함께할 수 있도록 '히가시카와 주주제도'를 도입했다.

고향납세는 세금이라고 생각해 부정적인 생각을 가질 수도 있다. 그래서 기부를 통해 응원하고, 회사와 주주의 관계처럼 서로 이해가 일치하는 관계가 되어야 한다는 생각으로 이 제도를 도입한 것이다. 고향납세를 통해서 지역 발전에 참여하고, 지역 주민의 생활과 매력을 향상시켜 기부자가 보람을 느끼고 자주 찾을 수 있는 기회를 만들기 위해서다.

주주는 읍이 제안하는 10개의 사업 중에서 하나의 사업을 선정해 1구좌 1천 엔 이상의 투자를 하면 된다. 우선 빠르게 목표 달성이 가능한 사업부터 순차적으로 시행한다. 이렇게 선순환 되면 읍의 가치가 올라가고

기부자에 대한 우대와 감사, 감동을 제공하게 되어 배당도 가능하다. 2018년 3월 31일 주주 총 수는 38,765명, 총 투자액은 10억 엔이 넘는다. 그래서 이를 '순환형(循環型) 히가시카와 응원제도'라고 부른다. 주주가 되면 주주증이 발급되고 1만 엔 이상 투자하는 이는 연간 6박까지 무료로 주주 전용 숙박시설에서 숙박이 가능하다.

물론 최종적인 목표는 읍의 응원자가 교류인구 증가로 이루어지도록 하는 것이다. 기부금의 가장 인기 있는 사용처는 나무심기이다. 인기의 비밀은 주주가 지역 주민과 함께 실제 나무를 심고 '주주의 숲 ○○○'이라는 간판을 세우는 것이다. 이는 자기가 지불한 세금의 사용처가 가시화된다는 장점이 있다. 보통 세금을 지불해도 실제 자기의 세금이 어디에 사용되었는지 알 수 없으나 주주의 숲에서는 자기가 지불한 세금을 숲의 형태로 볼 수 있다는 점에 감동을 느끼는 사람이 많다. 그래서 자기가 심은 나무를 보기 위해 히가시카와읍을 방문하는 납세자가 매년 증가한다.

비전 있는 투자 대상 사업의 제시

히가시카와읍의 투자 대상 사업은 4가지가 있다. 각각 목표 금액과 기간이 정해져 있다.

1) 사진 마을 프로젝트 - 1985년 사진 마을을 선언한 후 사진에 의한 지역 발전과 사진문화 공헌 활동을 계속하고 있다. 촬영을 위해 방문한 사진작가들이 숙박할 수 있도록 게스트하우스를 건설하고 주주가 방문하면 숙박할 수 있도록 했다.

2) 좋은 사업 프로젝트 - 히가시카와읍은 아름다운 눈, 산과 협곡이 있

어 등산객과 관광객이 많이 찾는다. 내방자가 안전하게 자연과 만나도록 하고 웅대한 자연자원을 다음 세대에 전달하기 위해 '자연산책로 정비사업(목표 금액 50만 엔)'에 착수했다. 또 지역에서 생산된 포도와 천연 효모를 사용해서 특수한 고품질 와인 제조업도 시작했다.

3) ECO 프로젝트 - 다이세쓰산의 눈 녹은 물을 생활용수로 사용하는 환경과 풍요로운 수자원을 보존하고 숲의 중요성을 인식시키기 위해 '물과 환경을 지키는 숲 조성사업'을 시작했다. 운영비를 충당하기 위해 1주 1천 엔의 투자를 받아 50만 엔의 기금이 모아졌다.

4) 어린이 프로젝트 - 히가시카와읍에 솟아 있는 다이세쓰산의 주봉 아사히다케의 산록에 있는 크로스컨트리 코스는 일본에서 가장 눈이 많이 내리는 코스로 알려져 있다. 일본 노르딕 대표 선수나 주니어 선수 등 많은 선수가 합숙하는 노르딕의 성지이다. 그래서 올림픽 선수 육성사업(약 500만 엔)으로 크로스컨트리 코스에 조명 설비 등을 설치했다. 추상적인 사업이 아니라 가급적 사업 내용이 가시적이고 명확한 사업을 선택해서 쉽게 이해할 수 있고 참여하고 싶은 마음이 우러나 투자가 잘 이루어지도록 한 점이 특징이다.

사용처를 특정하고 기부를 받는다

사업의 내용은 읍장이 중심이 되어 읍의 장래 방향과 부합되도록 결정한다. 반드시 미리 사용처를 특정하고 주주의 자금을 투자 받아서 목표 금액에 도달하면 의회의 의결을 받은 뒤 사업을 시행한다. 또한 사업 결정 전 반드시 팸플릿을 제작해 정보를 제공한다.

고향납세금을 기부해서 주주가 되면 '히가시카와 주주증'을 받고 읍 밖에 사는 사람은 히가시카와 특별주민으로 인정된다. 1만 엔 이상의 기부로 읍 지정시설 '고향교류센터'에서 연간 6박까지 무료 숙박이 가능하다. 가능한 한 많은 사람이 주주가 되어 히가시카와읍을 방문하도록 하기 위해서다. 통상 주수 10주 이상부터 기부금액에 따라 농산물 등 답례품을 주주 배당으로 보낸다.

또한 주주 특권으로 식수 체험에 참가할 수 있는 자격이 주어진다. 고향납세와는 별도로 봄에 1만 5천 엔을 지불하면 히가시카와 주주농장의 오너가 될 수 있다. 히가시카와는 '꿈빛'이라는 쌀의 주산지로 유명하다. 주주는 수확한 쌀과 감자, 호박 등을 받을 수 있다. 현재 매년 350명이 주주농장의 오너로 참여한다.

히가시카와읍의 순 주주 수는 2008년 415명으로 시작해서 2021년 8,000명으로 증가했다. 고향납세 전국 순위 207등이고, 수입 건수 50,750건에 총 금액 9억 5천 5백만 엔(약 95억 원)이다. 기부자의 거주지는 북해도와 동경권이 반반이었으나 최근에는 동경권에서 가입이 증가하여 60%에 이른다.

고향납세제도가 단순히 지역의 특산물 판매를 위한 고객 확보 차원이 아니라 지역의 발전을 위해 함께 참여하는 동조자가 되어 지역 주민과 함께 지역사회를 발전시키는 역할을 하고 있다는 점이 높이 평가된다.

사가현 가라쓰시의 고향납세

규슈 북서부에 위치한 사가(佐賀)현 가
라쓰(唐津)시는 예로부터 중국으로 건너가
는 통로가 되어 무역을 중심으로 번창해
왔다. 이 도시는 바다에서 산까지 다양한
자연이 매력적인 곳이다.

바다와 산, 강, 평지의 다양한 자연 풍
경을 볼 수 있는 지역으로, 특히 바다는 시
기와 시간대에 따라 정과 동의 다양한 모

습을 볼 수 있다. 가라쓰시는 또한 중국으로 건너가기 위한 관문이었던
역사가 있어 대륙과의 교역 중심지로 번창한 도시다. 그 당시에는 중국을

당(唐)이라고 불렀고, 이 부근 항구는 '당으로 가는 나루터'라는 뜻의 당진(唐津)이라 칭했던 것이 현재 가라쓰시의 유래라고 한다.

가라쓰시에서는 다양한 자연 풍경을 볼 수 있다. 볼거리와 문화도 인기가 많은데, 특별 명승지로 지정된 일본 3대 소나무 숲 중 하나인 '무지개의 마쓰바라'와 '가라쓰성', 천연기념물인 '나츠가마'(동굴) 등의 관광지로 유명하다. 국가지정 중요 무형민속문화재로 제례행사인 '가라즈쓰 군치'와 국가특별사적 '나고야 성터 및 진터' 등 역사적 자원도 많다.

1591년 시의 북부 해안에 나고야(名護屋)성이 축성되었고 도요토미 히데요시(豊臣秀吉)에 의해 임진왜란의 출병 장소가 되었다. 1602년 나고야성의 명칭이 가라쓰성으로 변경되었다.

무지개 솔밭은 일본의 3대 아름다운 송림 중 하나이며 일본의 아름다운 도로 100개 중 하나로 선정되었다. 그 길이가 약 5km에 이른다.

까치를 보호 조류로 지정

일본에서 까마귀는 흔히 볼 수 있으나 까치는 거의 없다. 그러나 유일하게 사가현에서는 약 4만 마리의 까치가 현의 보호 조류로 지정, 보호되고 있다. 임진왜란 때 출병한 사가현 영주 나베시마나오시게(鍋島直茂)가 격전 중 까치의 "깍깍"하는 울음소리를 듣고 까쓰 까쓰, 즉 이길 승(勝)자의 발음(가쓰) 소리로 들려서 전쟁에 승리한다는 응원하는 소리로 들리는 길조라고 생각하여 붙잡아 왔다고 전해진다. 또 음식으로 유명한 '요부코의 아침시장'이 일본 3대 아침시장으로 알려져 있다. 특히 명물인 '요부코 오징어 활어 요리'는 전국에서도 많은 사람이 먹으러 올 정도로 인기가 있다.

고향납세라고 하면 답례품에 매력을 느끼는 사람들이 많다. 가라쓰시의 고향납세 답례품으로 사가현이 자랑하는 브랜드 소 '사가우(牛)'를 비롯해 해산물, 과일 등 음식과 가라쓰 도자기 등 전통적인 상품까지 다양한 종류를 준비하고 있다. 가라쓰시의 고향납세 답례품 주문 실적은 2021년 전국 16등이고 30만 6천 건에 50억 엔 규모이다.

전국 1등 품질 '사가 소고기'를 답례품으로 제공

가라쓰시에서는 사계절에 따라 다른 답례품도 준비하고 있다. 가라쓰시의 고향납세 답례품으로 가장 선호되는 것은 '사가 소고기'이다. 전국에 약 150개의 브랜드 소 중에서도 톱클래스의 품질을 자랑하고 있는 사가 소고기는 절반이 JA(일본농협)카라진산이므로 가라쓰시는 사가 소의 본고장이다. 차돌박이는 부드러운 육질과 함께 달콤하고 깊은 맛이 특징이며, 스테이크와 샤부샤부로 사가 소 본연의 맛을 느끼는 것도 좋고 스키야키도 인기가 있다. 기부금 2만 엔에 300그램의 소고기를 기증한다.

답례품으로는 사가 소를 사용한 햄버거도 있다. 계약한 가게들이 하나하나 정성스럽게 만들고 있으며 그 중에는 전국 1위로 여러 번 선정된 햄버거도 있다.

가라쓰시 해물도 인기가 있다. 특히 요부코의 명물 '오징어 생채 만들기'를 가정 식탁에서 즐길 수 있는 답례품은 재구매자도 많아 호평을 받고 있다.

이외에도 기부금의 사용처를 기부자가 1) 자연 환경 보호, 2) 문화 유산 보전과 정비, 3) 청소년 지원과 교육 사업, 4) 장애인과 고령자 지원 중에서 선택해 기부할 수 있다.

지방 금융기관과 지자체가
공동 협력으로 성공적 사례 만들어

이와테(岩手)현 기타카미(北上)시에 본점
을 둔 기타카미 신용금고는 고향납세제의
시행과 동시에 기타카미시와 니시와가(西
和賀)읍 등 2개의 지자체와 포괄 연대협정
을 체결하고 지역 내의 상품 개발, 판로 지
원 등을 통한 고향납세 사업의 발전을 도
모하기로 했다. 또 사업소와 디자이너가

연대한 지역 활성화 디자인 프로젝트를 발족해 답례품의 개발을 함께 하
기로 했다. 이는 지방 금융기관과 지자체가 함께 고향납세 정책을 성공적
으로 추진한 사례가 되고 있다.

고향납세로 인구 증가

　기타카미시의 인구는 9만 명이며, 고향납세의 성공으로 이와테현 내에서는 드물게 인구증가 지역이 되고 있다. 관민일체가 되어 기업 유치를 추진한 결과 새롭게 이전해 온 기업 수가 200여 개에 이른다. 도요타 자동차 회사의 동일본 지역 거점 공장이 있고 세븐일레븐의 공장도 들어왔다. 기타카미 예능축제 등 전통문화가 전해지고 있고 고구마와 기타카미 소고기 등 특산품도 유명하다.

　이와테현 서남부 아키타(秋田)현의 경계에 위치하는 니시와가읍은 저출산 고령화와 산업의 쇠퇴 등으로 매년 인구가 감소하고 있고 현재는 6천 명 정도로 이와테현에서 제일 먼저 소멸이 예상되는 지자체. 연간 강설량이 10m 이상인 지역이고 온천, 스키장, 눈 축제 등으로 유명하다. 풍부한 수자원의 영향으로 탄생한 고사리, 비스킷, 단무지 등 특산품도 인기가 있다. 다만 지역의 매력을 충분히 전하지 못해서 지역 자원을 활용한 매력 있는 지역 만들기와 명품 만들기에 실패했던 지역이다.

신용금고가 고향납세를 주도

　기타카미시와 니시와가읍이 고향납세정책을 추진하는 과정에서 기타카미 신용금고가 중요한 역할을 하고 있다. 고향납세를 통한 지역 활성화를 목적으로 2014년 기타카미 신용금고와 기타카미시, 니시가와읍이 포괄 연대협정을 체결했다.

　지방자치단체의 지정금융기관은 지방 은행이었으나 이 금융기관을 제외하고 신용금고와 협정을 맺은 점 때문에 양 지방 행정의 신중론도 있었다. 그러나 신용금고는 지방 은행보다 영업 지역이 제한되어 있어서 은행 담당 직원과 사업자의 밀착된 관계 설립이 가능하다는 것이 오히려 장점으로 부각되었다. 고향납세를 성공시키기 위해서 지자체와 연대한 금융기관은 이곳이 최초의 사례로 알려지고 있다.

기타카미 신용금고는 지역 밖으로 고향납세와 답례품 정보를 홍보하고 지자체의 인지도를 향상시켰다. 전국에 있는 신용금고 네트워크를 활용해서 홍보를 수행했고, 동경에 있는 신용금고 본사도 동경에서 개최한 '좋은 일자리 만들기 전시회' 개최 시에 고향납세를 홍보했다.

지역응원 정기예금 개발

금융기관을 활용한 지원책으로 고향납세제도와 관련한 '지역응원 정기예금'을 개발·판매했다. 정기예금 10만 원 이상의 신규 가입 고객에게 우대금리를 적용하고, 100명의 고객을 추첨해 양쪽 지자체의 답례품을 선물함으로써 고향납세제도를 일반 국민에게 널리 알렸다. 신용금고로서는 지역 산업 활성화를 위한 지원을 수행한 셈이다.

고향납세제도와 연동한 금융상품 개발로 신용금고의 판로 확대와 고객지원도 가능해졌으며 이런 효과로 2013년 고향납세액 3천만 엔에서 2015년 5억 7천만 엔으로 성장했다.

2015년 9월 기타카미 신용금고는 지역창생 선행형 예산을 활용해서 지방창생 활성화 디자인 프로젝트를 발족했다. 기타카미 신용금고는 지역 내(민간, 행정)와 지역 외(디자인진흥사, 신용금고중앙회)가 연대해서 상품 개발, 판로 확대, 홍보, 금융 지원을 일원화하기로 했다. 이에 따라 지역 내의 디자이너를 활용하여 5년 간 프로젝트를 추진했다.

고향납세를 활용한 창업자의 매출 증대

신사업을 전개하는 사업자로서 가장 불안한 것은 운전자금이 고갈되는 것이다. 기타카미시는 새 사업을 탄생시키고 새로운 고용 창출의 계기가 되는 창업자 지원을 더욱 강화하기 위해 창업센터를 개설했다. 창업센터를 졸업한 사람에게는 개업 후 매출을 올리기 위해 무엇을 어떻게 해야 할 것인지가 가장 먼저 당면하는 문제다. 그래서 이들에게 고향납세를 적극 활용하도록 지도했으며 이들이 성공하면서 지역 경제 전체가 활성화되는 계기가 되었다.

북해도 니세코읍의 고향납세 사례
-신토불이 경제권역

북해도에 있는 니세코읍은 홋카이도의 알프스라고 불리는 안누프리산에 있는 스키장을 중심으로 하는 관광이 주요 산업이다. 세계 최고 품질의 설경 지역으로 유명하며, 최근에는 오스트레일리아의 스키 관광객이 증가하고 있어 일본 내의 투자도 활발하게 되었다. 또한 한국 등 동아시아의 관광객도 증가하고 있다.

파우더 눈으로 알려진 뽀송뽀송한 눈이 대량으로 내리는 니세코읍은 스키를 하는 사람들의 희망봉이 되고 있다. 스키장이나 리프트 티켓도 모

두 영어로 표기할 만큼 국제적인 관광지가 되었다. 일본이 아닌 외국이라는 생각이 들 만큼 다양한 나라에서 온 외국인이 많다.

니세코읍은 고향납세 기부자에 정기적으로 편지를 보내서 읍의 최신 정보와 고향납세의 활용 상황 등을 알려주어 읍을 더욱 친근하게 느낄 수 있도록 노력한다.

또한 고향납세로 모은 자금을 활용해서 유치원과 보육원의 복합형 시설인 유아센터에 다니는 어린이들이 나무를 접촉하며 놀이를 즐길 수 있도록 목제 블록과 오르골 등의 나무 완구를 정비했다. 이런 시설을 활용한 것과 어린이 보육 지원의 효과가 있어서 유아센터에 다니는 어린이들이 20여 년 만에 처음으로 증가했다.

관광객 80만 명

니세코읍은 2000년대 들어 새롭게 변신했다. 이제까지 연간 6천 명 정도의 외국 관광객이 찾았으나 2014년에 15만 명의 외국인 관광객이 찾는 관광지로 변신했다. 니세코 주민 중 한 명이 캐나다까지 연수를 가서 체험하고 온 뒤 읍의 중앙에 맑은 물이 흐르는 일본 제일의 시리베스(尻別)강에서 카누 래프팅을 즐길 수 있는 여행 상품을 파는 회사를 설립했다. 이는 니세코읍이 여러 나라에 알려지는 계기가 되었다.

니세코는 연중 등산, 트래킹, 카누, 승마, 사이클링, 골프 등 다양한 야외 스포츠를 즐길 수 있다. 1999년부터 연중 관광객이 끊이지 않는 유명 관광지가 되었고 2014년에는 1년 동안 80만 명의 관광객이 니세코를 찾았다. 니세코는 관광업이 활성화 되면서 새로운 고용이 창출되고 이주자도 늘었다. 인구감소가 당연시 되었던 북해도에서 이례적인 성공 사례로 주목을 받고 있다.

1994년 니세코읍에 젊은 직원 출신 오오사카 세이지(逢坂誠二)가 읍장으로 당선되었다. 당시 전국 최연소 읍장이던 오오사카 씨는 읍 행정에 새로운 바람을 일으켜 읍의 재정 상황에 대해 정보 공개를 철저히 실행했다. 오오사카 읍장은 식품 소매상의 장남으로 태어나 북해도대학 약학과를 졸업했으며, 중의원 의원으로 당선되어 현재는 입헌민주당 정당대표를 맡고 있다.

지역 만들기 주민 강좌

오오사카 읍장은 1996년부터 읍의 담당 과장이나 계장급이 강사가 되어 읍 주민과 강의하고 토론하는 '지역 만들기 주민 강좌'를 시작했다. 주민 행정의 과제는 무엇인지, 이를 위한 예산은 있는지 등을 1시간 정도의 강의를 통해 숨김없이 주민에게 전달하고 해결하는 방법을 논의했다.

지역 만들기 주민 강좌에서 노인 보호 문제, 폐기물 최종처분장 설치 문제까지 모든 문제를 주민과 함께 고민하고 논의했다. 직접민주주의의 실천인 셈이다. 결과적으로 세금으로 해결할 사항과 주민 스스로 해결할 사항을 구별하는 의식이 주민들 사이에서 싹트기 시작했다. 모든 것을 행정에 의지했던 관행에서 벗어나 주민 스스로 해결할 수 있는 분야도 있다는 것을 인식하게 된 것이다.

주민의 참가의식이 높아지며 읍장이 교체되어도 정보 공유와 주민 참여에 의한 지역사회 만들기가 지속되어야 한다는 의견이 높아지면서

2000년에는 '니세코 지역 발전 기본 조례'가 제정되었다. 이 조례 제정으로 일본에서 최초로 시행된 주민 자치의 모델로 유명해졌다. 2002년에는 지역의 경관을 유지하기 위해 전주와 전선을 모두 지하로 옮기고 점포, 주택, 가로등, 안내 간판 등도 주민 참가로 작성한 가이드라인을 제정하고 이를 스스로 지키면서 정비되었다.

에너지와 경제의 지역 내 순환 - 신토불이 경제권 구축

1990년에는 버블 붕괴로 니세코의 인기도 식어서 관광객 수가 급감했다. 버블 시대에 펜션 붐으로 대도시에서 이주해 온 숙박업자들은 국내 관광객 유치에서 벗어나 해외 수요 개발을 적극적으로 추진했다. 동아시아 관광객 유치협의회를 구성해서 주로 대만, 홍콩에 홍보 활동을 강화했다. 그 후 중앙정부도 니세코의 관광객 유치 활동을 적극적으로 후원했다.

니세코 관광협회는 읍사무소에 함께 있었다. 그래서인지 책임 소재가 불분명하고 의사결정도 늦다는 문제가 있었다. 관광협회의 존재 의미에 대해 2년 간 토론하면서 규슈 지역 유후인도 견학했다. 최종적으로 관광협회라고 하더라도 경쟁과 정보 공개가 필요하다는 논리로 관광협회를 주식회사로 전환하기로 했다.

출자금의 50%는 읍이 부담하고, 50%인 1천만 엔은 숙박 시설업자가 1주 5만 엔 씩 출자하기로 했다. 행정은 출자는 하지만 경영에는 관여하지 않기로 했다. 현재는 보조금 없이 1억 5천만 엔의 매출과 12명의 직원 일자리가 창출되었다. 또 철저하게 우수한 숙박시설을 안내한 결과 관광객의 수가 급증했다. 현재 니세코 읍사무소는 외국인 직원도 채용했다. 뉴질랜드 출신의 직원이 읍의 정직원이고 관광전략수립과를 맡고 있다.

무릎까지 쌓여있는 설산을 달리는 쾌감을 한 번 경험해보면 잊을 수가 없다. 이런 소문이 미국까지 알려져 《뉴욕타임스》에 소개되기도 했다. 설붕의 정보를 기초로 안전한 스키를 즐길 수 있는 동양의 신비라고 보도했다. 그 후 미국의 스키 관광객이 급증했다. 겨울에는 스키, 여름에는 래프팅 여행객이 연간 3만 명이나 된다. 농가에는 젊은 청년들의 귀농이 늘었다.

현재의 가다야마(片山) 읍장은 니세코읍 주민 스스로가 생각하고 행동하는 주민 주체의 신토불이 경제권, 즉 '에너지와 경제의 지역 내 순환'을 반드시 이루겠다는 각오다.

나가사키현 히라도시의
고향납세 성공 사례

나가사키(長崎)현 히라도(平戶)시는 2014년 고향납세 기부액 14억 6천만 엔으로 전국 1위를 차지했다. 이는 다른 자치단체보다 먼저 고향납세의 포인트 적립 제도를 도입한 '고향납세 카탈로그'를 발행한 것이 계기가 되어 인기가 폭발했다고 한다. 이 시에서는 고향납세를 '생산자가 일반  시장 유통에서도 경쟁력이 확보될 수 있도록 테스트하는 마케팅의 장소'라고 정의하고 생산자가 자립할 수 있게 적극적으로 지원했다.

나가사키현 북서쪽에 위치해 있고 히라도섬, 이끼쓰키(生月)섬 등 크고 작은 40여 개의 섬으로 구성된 히라도시는 에도시대 초기에는 영주의 소재지로 번성했고 중국, 포르투갈, 네덜란드 등으로 향하는 국제무역항으로 번창했다. 화란 다리, 다히라 성당 등 국가지정 문화재가 있고 히라도섬 경관이 국가의 중요 문화적 경관으로 지정되는 등 풍광명미(風光明媚)의 지역으로 유명하다.

현해탄과 이쓰시마의 난류가 교차하는 천연의 어장에서 생산된 해산물과 미네랄 풍부한 바람을 받아가며 재배한 농작물이 다양하게 생산된다. 이러한 농업·어업·관광업이 히라도시의 산업을 지탱해 준다. 그러나 1955년까지 7만 명이던 인구는 현재 3만 명으로 줄어서 과소화가 진행되고 있다.

포인트 제도를 도입한 고향납세 카탈로그

2008년 고향납세제도가 시작되었으나 처음 수년 동안은 기부금이 별로 없었다. 처음에는 출향인 중심으로 소극적으로 추진되었고 기부자에 대한 답례품도 소홀했기 때문에 시작부터 4년 동안은 1년에 240만 엔 정도가 모일 뿐이었다.

2012년 처음으로 답례품 정보를 카탈로그로 제작해 배포했다. 산업진흥정책의 일환으로 생각해 생산된 농수산품의 카탈로그를 '고향납세 특전카탈로그'로 확대하여 발행하고 민간 포털사이트에서 홍보를 적극적으로 수행했다. 시의 공무원은 고향납세제도를 성공시키고 있는 돗토리(島取)현 요나고(米子)시의 사례를 보고, 고향납세를 활용해 지역 농특산물의 판매 증가가 가능하다는 것을 인지하게 되었다.

기부자의 적극적인 호감을 얻은 것은 포인트 제도의 도입부터다. 1만 엔 이상은 40%, 10만 엔 이상은 45%, 50만 엔 이상은 50%의 포인트가 적립되어 기부자가 적립된 포인트에 따라 카탈로그에 실린 상품을 답례 품으로 주문할 수 있도록 했다. 기부할 때마다 그에 따른 포인트가 제공 되고 자동적으로 적립된다. 포인트는 유효기간이 없기 때문에 언제든 답 례품을 선택할 수 있다는 점도 도움이 되어서 히라도시의 고향납세제도 가 인기를 얻게 되었다. 그 결과 카탈로그를 발행한 2013년에는 주문이 1,467건으로 급증했다. 답례품은 당초 26 품목이었으나 2014년에 83 품목으로 확대했다. 답례품의 대금에 대해 신용카드 결제가 가능하도록 하면서 2014년 1년 동안 36만 건, 기부금액 15억 엔으로 일본 전국에서 1등을 했다. 카탈로그를 발행한 2012년과 비교하면 불과 2년 동안에 1000배 이상 성장했다.

히라도시 전용 고향납세 특별사이트 개설

2014년 11월 히라도시는 새로운 도전으로 '고향납세 특별사이트'를 오픈했다. 이를 통해 회원등록, 기부 신청, 답례품 주문, 포인트 사용 내 역 등을 확인할 수 있도록 했다. 카탈로그를 통한 전화 주문은 물론 인터 넷신청도 가능하게 함으로써 기부자의 편리성을 향상함과 동시에 사무 작업의 효율화도 이끌어냈다. 현재는 고향납세에 특화된 사이트로 되어 있지만 장래에는 히라도 전체의 관광과 쇼핑 등의 정보를 게재해서 히라 도 고객 클럽과 같은 사이트로 발전시킬 계획이다.

히라도를 통째로-고향납세액이 1년 예산과 동일

고향납세제도를 통해서 히라도시 전체를 팔겠다는 발상이 논의되었다. 기부자에게 배달되는 카탈로그에는 히라도시의 다양한 정보가 게재되어 있어서 시에 대한 호감을 느낄 수 있다. 사이트를 운영하고 있으나 아직도 전화로 주문하는 건수가 50%를 차지한다. 이처럼 전화를 하는 수고는 오히려 히라도와의 끈끈한 인연을 만드는 계기가 된다고 보고 있다.

1인당 기부 평균금액은 5만 5천 엔으로 전국 평균의 2배에 이른다. 이것은 히라도시의 고객의식이 착실히 형성되어 있다는 증거이고, 포인트 효과의 영향도 있다. 2015년의 기부액은 26억 엔으로 히라도시의 연간 세수입과 같은 규모다. 생산자와 사업자의 수익도 크게 증가했다.

총무과장 구로세(黑瀨) 씨는 어떤 제도이든 영원히 존속할 수는 없다는 위기감을 항상 가지고 대비해야 한다고 주장한다. 이제까지 공무원들은 농가와 주민의 사업이 아니라 공직자 자기 자신들의 사업이라는 생각으로 정열을 쏟아 왔다. 그 결과 현재는 행정이 영업을 담당하고 있고 생산자는 생산에 전념하고 있기 때문에 판매가 잘 된다. 이는 별도의 판촉활동을 하지 않아도 주문이 들어오는 것으로 착각할 수도 있다. 하지만 경쟁에 살아남기 위해서는 언제나 피 나는 노력을 하지 않으면 미래는 없다고 그들은 생각하고 있다.

히라도시는 고향납세 종료 후에도 지속가능한 성장을 하기 위해 사업자의 상품을 일반 시장에서 유통할 수 있어야 한다고 주장한다. 즉, 고향납세제도는 생산자가 자립할 수 있도록 하기 위한 시험판매의 수단이지 영원히 존속할 수 없다는 생각을 미리 각오해야 한다는 것이다.

지방 행정은 세일즈 행정

히라도시는 고향납세제도가 지속가능한 사업이 되기 위해서 생산자의 경영 능력 향상에 주력하기로 했다. 맛이 좋은 것을 생산하면 판매는 문제없다고 생각해서는 안 된다는 것이다.

히라도시 행정 직원 모두가 고향납세제도의 세일즈맨이 되었다. 지방 자치제 시행으로 지방 행정은 각종 규제를 실시하는 규제 행정으로 시작해서 민업을 지원하는 조장 행정으로 진화해 왔다. 이제 21세기는 세일즈행정으로 진화할 것으로 보고 있다.

그 지역에 관심이 없었던 사람들이 고향납세 기부를 통해 지역과 연결고리가 생기고, 이들을 관심 있는 사람으로 변하게 하는 것이 기부를 받은 지자체와 지역 주민들이 해야 할 몫이다. 생산자와 지역 주민, 지자체 공직자가 자기 지역의 고객을 늘려가는 일이 소멸 가능성이 높은 지자체에서 벗어나 진정한 지방 발전의 길로 향하는 처방책이 될 것으로 믿는다.

가스카 마을에서는 계단식 논에서 생산된 쌀을 기부자 900명에게 배달하면서 "세계문화유산 등록을 응원해 주십시오"라는 메시지를 첨부했다. 이 메시지와 쌀을 받은 기부자는 히라도를 응원하는 중요한 고객이 되었다고 본다.

기부를 했더니 맛있는 답례품이 배달되어 감동을 느껴서 '한번 가보고 싶다'는 마음이 든다. 그리고 실제로 가봤더니 정말 맛있는 것을 먹었으며 숨은 기독교 성지가 있는 등 의미 있는 관광지라는 생각으로 변했다. 이후에도 또 가볼까 하는 생각을 하게 되고, 가끔 왕래해보고 싶다는 생각이 들고 제2의 고향, 새로운 고향으로 생각하면서 마음에 들기 시작하면 또 매년 가보고 싶어진다. 일터나 직장의 정년 후에는 영구 정착하는 시민이 되고자 하는 생각이 마음속에서 생겨난다. 이러한 일련의 흐름이 만들어지기를 히라도시 주민들은 바라고 있다. 히라도시 주민들은 작은 씨앗이 떨어져 싹이 트고 번성하듯이 고향납세제도를 통해 지방 농어촌의 번영과 균형 있는 국가가 되기를 기원한다.

유학자금을 고향납세로
-상품에서 사업으로

특산품 판매라는 경제적 차원뿐만 아니라 여러 지자체가 공통적으로 안고 있는 사항을 함께 해결하기 위해 고향납세 기부금을 모금하기도 한다. 글로벌 인재를 육성해야 한다는 필요성은 알고 있으나 일본인의 유학생 수는 2004년을 정점으로 감소하는 경향이고, 그 수도 2015년에는 5만 4천 명으로 다른 선진국에 비해서 적은 편이다.

고향납세를 시작한 지 15년이 된 지금, 고향납세가 상품에서 사업으로 옮겨가는 변화의 흐름이 눈에 띈다. 또한 같은 과제를 안고 있는 지자체가 연대해서 공동의 목표를 설정하고 기부금도 공동으로 모금하는 움직임도 있다.

상품에서 사업으로

유학은 단기간이라도 많은 비용이 들고 경제적 부담이 크기 때문에 포기하는 가정이 많다. 그래서 문부성은 유학 촉진을 위해 유학생 보내기 운동을 전개하고 있다. 관민 공동으로 유학생을 지원하고 유학생을 지속적으로 늘린다는 목표를 수립하기도 했다.

이런 영향으로 나가사키(長崎)현 히라도(平戶)시, 나가노(長野)현 시라우마(白馬)촌 등 6개 지방자치단체가 참가하는 거번먼트 크라우드 펀딩(GCF)제도가 2017년 탄생했다. 기부자는 어떤 지자체에 기부할 것인지 선택할 수 있다. 각 지자체마다 목표 금액이나 사용처의 차이는 있으나 유학을 가고 싶지만 경제적 이유로 포기하는 학생을 지원한다는 방침은 공통이다. 그런 학생을 지원하고 싶다는 생각이 모여서 반년간 6개 지방자치단체가 1천만 엔의 기부금을 모았다. 그 기부금은 항공료와 체재비용 등 각 지자체가 유학생 지원을 위해 사용하였다.

나가사키현 히라도시는 자매도시인 네덜란드의 노루도와이캐르하우트시와 교환학생 제도가 있어서 2012년부터 유학 희망 학생을 모집해 매년 파견한다. 한 사람당 비용은 15만 엔이다. 예전에는 전액 시의 재정으로 지원했으나 이제는 GCF를 활용하여 84만 엔의 기부금을 모금한다. 이로써 가정의 부담을 줄이고 지방고교 졸업생의 유학을 지원할 수 있게 되었다.

북알프스 산간부에 위치한 나가노현 시라우마촌은 겨울철 외국인 거주 비율이 높은 지역이다. 이에 글로벌 시대의 인재 육성이 필요하다고 생각하여 이 지역 유일의 고등학교에 2016년 국제관광과를 설립했다.

해당 과에서는 관광 비즈니스와 외국어를 교육한다. 이 학교의 2학년에게 단기 어학연수를 지원하기 위해 지자체가 GCF를 실시했는데 학생 20명분의 항공비와 체재비로 400만 엔 모금을 달성했다.

인재 부족이 기업의 해외진출 장애

세계 경제에서 일본 기업의 존재감이 희미해진 가운데 전 세계를 무대로 활약할 수 있는 인재의 육성은 일본 최대의 과제가 되고 있다. 그래서 일본의 각 지방은 글로벌 인재를 육성해서 우수한 인재의 도시집중 문제를 해결함과 동시에, 일본 지방의 매력을 해외에 알리기 위해 지자체가 연대하여 유학을 지원하는 프로젝트를 만들었다.

일본의 저출산, 고령화에 의한 국내 시장의 축소와 비용 증가 등으로 일본 기업의 해외이전이 늘고 있는 점도 고려해야 한다. 경제계의 조사를 보면 80%의 기업이 해외이전을 증가시킬 것이라고 하는데 글로벌 인재 부족이 기업 해외이전의 장애가 되고 있다고 한다. 글로벌 인재 육성이 점점 더 시급한 국가적 과제가 되고 있다.

이제는 농산촌 지역의 과제 해결의 수단으로 GCF가 활발하게 이용되고 있다. 사람은 누구나 다른 이의 도움을 받는 경우가 많다. 누구나 수혜를 받을 수 있다는 전제 하에 서로 돕고 응원하는 것은 매우 중요하다.

고향납세자는 새로운 주민

기부를 받은 지자체는 기부자와의 관계를 일회성으로 끝내지 말고 고향납세 기부자를 어떤 형식이 되었든 제2의 주민으로 보아야 한다. 고향납세를 함으로써 기부를 받은 농산촌 지역이 윤택해진다는 생각과 답례품을 즐길 수 있다는 것은 일종의 성공 체험이라고 할 수도 있다. 이와 같이 모처럼 만들어진 새로운 도시 고객의 필요와 요구를 어떻게 전략적으로 활용할 것인지가 중요하다. 지자체 직원들은 기부자와 적극적으로 관계를 유지하며 서로 공감적 커뮤니케이션을 유지하는 능력 발휘가 요구될 것이다.

북해도 가미시호로읍의 '생애 활약의 마을' 만들기

일본 북해도의 시호로(士幌)농협은 일본에서 목축업을 중심으로 농촌 유토피아를 실현한 마을로 유명하다. 농협 임직원들의 꿈을 실현한 시호로농협을 2010년에 방문한 적이 있다. 시호로읍은 북해도 도카치 평야의 중심에 있다. 마을의 서북부에는 히가시 다이세쓰산(東大雪山)의 산악

지대와 함께 이베가와강과 넓은 밭, 목초지가 펼쳐져 있어 밭농사와 목축업 중심의 곡창지대로 널리 알려져 있다.

시호로읍의 북쪽에 가미시호로(上士幌)읍이 있다. 맑은 창공에 각양각

색의 열기구가 떠오르는 것을 볼 수 있는 곳이 가미시호로읍이다. 다이세쓰산 국립공원의 동쪽에 위치한 이곳은 수질 좋은 온천과 아름답고 풍요로운 자연이 있는 평온한 농촌 지역이다. 수도인 동경도와 거의 같은 면적에 겨우 5천 명의 주민이 살고 있는 이 지역은 목장 소의 두수가 3만 4천 두로 사람 수보다 소의 수가 더 많은 낙농 왕국이다. 웅대한 녹색의 대자연에서 한가로이 지낼 수 있는 가미시호로읍은 1955년을 정점으로 인구가 감소하고 고령화율도 높아서 인구감소가 계속되고 있다.

그러나 고향납세가 시행된 후 기부금을 활용해서 어린이 보육 지원책 등 적극적인 인구 증대 정책으로 2016년부터 13년 만에 인구증가 현상이 나타나고 있다. 인근 19개의 지자체 중 유일하게 가미시호로읍 한 곳만 인구가 증가하고 있다.

가미시호로읍이 고향납세의 답례품 발송을 시작한 것은 2008년부터다. 일본에서 가장 광활한 목장인 나이타이 고원목장, 북해도에서 최고의 우유 생산량을 자랑하는 드리움 힐 등 개성 있는 목장이 많은 가미시호로읍은 관내 목장에서 착유한 생유로 만든 아이스크림, 고품질의 소고기 등으로 오래전부터 일본에서 유명했다. 고향납세제 시행 이후 가미시호로의 답례품은 더욱 유명한 인기상품으로 떠올랐다. 답례품의 증산으로 지역 경제는 활력을 회복하고 가공공장도 신설되어 새로운 고용창출로 이어지고 있다. 더욱이 읍에 제공된 기부금의 일부를 적립해서 어린이 보육 지원과 저출산 대책으로 사용하기 위해 '꿈의 기금'을 설립했다.

"지방에 살고 싶다는 젊은 부부 입장에서 안심하고 어린이 보육을 할 수 있고 교육 환경이 정비되어 있다는 점은 어느 무엇보다 중요하다. 어린이들이 건강하게 성장하는 지역, 어린이들의 개성을 살려주는 교육제도가 있는 읍이 된다면 어린이를 키우는 가정은 누구나 관심을 갖게 된다"는 것이 다케나가(竹中) 읍장의 설명이다.

고교 졸업까지 의료비 무료-원어민 강사 배치

가미시호로읍은 지금까지 제한된 재원으로 소수의 어린이 보육 지원을 실시해 왔으나 이제 고향납세의 기부금을 활용해 적극적인 정책을 실시하게 되었다. 중학교 졸업까지 의료비를 무료로 했으나 이제는 고교 졸업 때까지 연장해서 의료비 무료화를 실현했다. 예방접종에 드는 비용도 모두 읍이 부담한다. 기부금 활용으로 가장 주목을 받고 있는 사업은 어린이 보육원 설립인데, 향후 10년간 전원 무상으로 운영할 계획이다.

동경 부근 치바(千葉)에서 이곳으로 이주해 자녀를 보육원에 위탁한 우치다(內田) 씨는 "선생 외에도 많은 인력이 참여해서 빈틈없이 어린이를 돌보는 모습이 매우 인상적이다. 급식이 무료인 점도 많은 도움이 된다"고 말한다. 유아기 때부터 다른 문화와 교류하고 친근감을 가질 수 있는 기회를 만들기 위해 어린이 보육원에 원어민 강사를 배치하고 초등학교 소인수 학급 실천과 음악, 체육 등의 전문교사를 읍이 채용해서 배치했다.

가미시호로읍은 인구를 늘리기 위해 거주지 이전도 적극적으로 추진한다. 대도시권에 살고 있는 사람들과 교류의 장을 만들어 우선 가미시로읍을 이해할 수 있도록 돕는 등의 노력을 하고 있다.

2014년에는 이 읍에 고향납세를 한 기부자를 대상으로 '고향납세 감사축제'를 동경에서 개최했다. 그 당시는 이러한 행사를 지방자치단체가 단독으로 개최한 사례는 없었고 큰 화젯거리가 되었다. 그 후에도 동경, 오사카 등 대도시권의 사람들에게 가미시호로읍을 알리기 위한 이벤트를 매년 계속하고 있다.

동경에서 가미시호로 견본시장 개최

2017년에는 동경의 중심 니혼바시(日本橋)에서 '가미시호로 견본시장'을 개최했다. 일자리 찾기 창구에서는 일자리 정보 제공과 창업 상담을 하고 농업부스에서는 우유 시음, 버터 만들기 체험도 실시했다. 생활 상담 창구에서는 주택을 소개하고 기존 이주자의 소견을 들을 수 있도록 했다. 어린이 보육 창구에서는 고향납세를 활용한 어린이 보육 지원제도를 소개하고 어떤 연령층의 가족이라도 대응할 수 있는 이주 상담을 제공했다. 인기 있는 답례품으로 만든 요리를 선보이고, 가미시호로의 자연을 체험할 수 있는 워크숍도 개최했다.

'가미시호로 견본시 여행'이라는 제목으로 기부자를 가미시호로읍에 초청해서 가미시호로의 생활을 체험할 수 있는 기획도 실시했다. 2017년 9월부터 2018년 3월까지 3회의 여행 일정에 전국 각지에서 94명의 기부자가 가미시호로읍을 방문 체험했다. 여행을 하면서 이주 후 가미시호로에서 실제 생활을 연상해 볼 수 있도록 읍내의 주택이나 농업 현장 등을 시찰하고 주거 환경, 고용, 복지 등에 대해 상호 의견도 교환했다.

가미시호로읍의 기획재정과장 도오루(達) 씨는 견본시 여행에서 읍내 견학 이외에 선배 이주자와의 교류 기회도 만들어서 실제 이주했을 때의 의문점을 해결하도록 한 점이 효과가 있었기 때문에 참가자의 80%가 실제 이주 정착을 적극 검토하겠다는 회답을 했다고 한다.

구체적으로 적극 이주를 검토하고 있는 사람에 대해서는 사전에 이주 체험을 할 수 있도록 체험주택을 마련해 두고 1주~1개월간 단기 이용이나 1개월~1년간 중장기 이용 중 선택해서 실제 읍내에서 생활을 체험해 보도록 하고 있다. 기본적인 가구와 전자제품, 식기 등 일상생활에 필요한 용품을 준비해두고 몸만 와서 체험해 볼 수 있도록 했다. 이후 전국에서 많은 젊은층 가족이 생활을 체험하기 위해 방문했다.

생애 활약의 마을 프로젝트

건강하고 여유 있는 노후를 보낼 수 있도록 '생애 활약의 마을'이라는 구호로 중장년 세대에게 가미시호로의 매력을 실제 체험하도록 한다. 또한 노인들이 은퇴 후의 생활을 즐길 수 있는 신규 이주처나 제2지역 거주지 후보로서 매력 있는 지역사회 만들기를 목표로 한다.

'생애 활약의 마을'이라는 이름으로 읍내 중심 지역에 집중적으로 병원, 복지시설, 온천 등 젊은 세대와 교류가 가능한 거점 시설을 정비했다. 마을에 거주하면서 현역 시대의 전문지식을 활용한 직업이나 봉사활동을 통해서 지역에서 활동할 수 있는 장소를 제공한다.

가미시호로읍은 고향납세를 계기로 답례품 가공공장이 건설되고 고용이 창출됨은 물론 그 기부금을 활용해서 읍내에 주민의 복지 관련 시설을 정비했다. 임대주택도 증설해서 도시 지역의 이주자를 수용할 준비를 하고 있는 가미시호로읍은 각종 시책의 창안과 실행으로 선순환이 이루어져 인구증가가 더 가속화할 것으로 보고 있다. 가미시호로읍의 고향납세를 통한 지역 발전 사례는 『시골의 진화』라는 제목으로 한국어 단행본으로 출간되기도 했다.

관광 상품을 고향납세 답례품으로
-나가사키현 사세보시

인구 25만 명의 사세보(佐世保)시는 일본 해군의 군항이 있고 자위대와 미 해군 기지가 있어서 군사기지의 흔적이 남아 있다. 일본 최대의 테마파크인 하우스텐보스는 관광의 중심적 역할을 한다. 사세보항에서 히라도(平戸)까지 25km의 해역에 208개 섬이 있으며 보통 99섬이라고 불린

다. 서해 국립공원 지역으로 지정되었고 풍부한 관광자원으로 현 내 관광소득 1위이다. 연간 관광객이 300만 명에 이른다.

고향납세 답례품으로 관광 상품을 제공

사세보시는 관광객 우대를 테마로 고향납세를 통해 관광 진흥을 추진한다는 점이 특이하다. 하우스텐보스와 99개 섬을 연결한 관광 답례상품을 만든 것이다. 사세보 관광 마이스터의 가이드를 받으며 여행을 즐기는 관광 상품이 대단한 인기를 끌고 있다.

사세보시의 대표적인 관광지 하우스텐보스(Huis Ten Boch)는 유럽을 체험할 수 있는 테마파크로 유명하다. 네덜란드의 거리를 재현하고 있으며, 주요 테마는 유럽 전역을 대상으로 한다. 영화, 광고 등의 촬영지로도 사용된다. 하우스텐보스는 나가사키시의 지역 이름이 되었고 주소도 사세보시 하우스텐보스동이다.

2014년까지는 기부금 모금을 재무과에서 담당했으나 2015년부터는 담당부서를 관광진흥국으로 변경하고, '관광과 산업의 진흥'을 비전으로 제시했다. 그 결과 기부액은 2014년 134만 엔에 불과했으나 2021년에 20억 엔으로 대폭 증가했으며 전국 순위는 78등이다. 기부금액에 따라 포인트가 적립되며 포인트는 특산품과 관광 상품으로 전환도 가능하게 했다.

사세보시는 청정 지역에서 생산되는 해산물, 임산물, 다양한 관광 상품을 답례품으로 만들었다. 또한 1만 엔 기부자에게 5천 엔 상당의 물품과 서비스를 답례품으로 제공했다. 시청은 생산자로부터 75%의 가격으로 상품을 구입한 후 수수료 25%를 붙여서 판매한다.

답례품과 함께 기부자 전원에게 답례품 카탈로그도 배부했다. 관광 촉진을 위한 카탈로그에는 다양한 상품은 물론 특산품의 생산지와 관광지 홍보 기사, 사진 공모전에서 수상한 작품 사진을 함께 실었다.

관광객 유치와 고향납세 – 관광 마이스터 정책

사세보시는 관광객 유치를 고향납세제도와 연결시켰다는 점에서 높게 평가되고 있다. 사세보시는 수족관, 유람선 여행, 99개 섬 리조트 시설 이용 등 '착지형 관광 상품(着地型觀光商品)'을 개발했다. 지역을 잘 아는 관광회사가 주관하여 '99개 섬과 하우스텐보스 만족 3일 여행' 상품을 기획 판매하고 관광 마이스터가 가이드한다.

사세보 관광 마이스터는 사세보의 역사, 특산품 등 관광 정보 전반을 이해하고 있으며 관광객을 융숭하게 대접하는 마음과 자세로 안내하는 사람을 양성하는 제도다. 검정시험에서 50개 문제 중 40개의 정답을 맞히면 마이스터로 인정된다. 사세보시의 지리, 역사, 문화, 식생활, 관광지, 관광 시설 등에 관한 풍부한 지식을 가지고 있으면 실버 등급의 자격증을 받고, 여기에 정중한 예의를 지키면서 고객을 대하는 태도가 갖추어지면 골드 등급을 받는다. 현재 150명이 자격증을 가지고 활동 중이다.

그리스도교 유산을 세계문화유산으로 추천

고향납세제도의 개선을 위해서 사세보시는 약 9만 명의 기부자에게 온라인 설문조사를 진행하여 상품을 개발하고 사업자의 서비스를 개선하고 있다. 이후 사세보 관광 포털 사이트를 설치하고 답례품 배달 날짜와 시간을 지정하는 제도도 도입할 계획이다. 사세보시는 구로시마(黑島) 마을을 포함해서 나가사키교회 군락과 그리스도교 관련 유산을 유네스코 세계문화유산 추천 후보로 선정하고 보전이 필요한 비용을 거번먼트 크라우드 펀딩(GCF)으로 모금할 계획이다. 구로시마 마을은 크리스천의 섬으로, 기독교 금지가 심했던 시대에 2세기에 걸쳐 극심한 탄압에도 참고 살아남은 신도와 그의 후손이 살아온 섬이다.

사세보의 나오야성을 인터넷으로 세계에 홍보

사세보고등학교 학생을 중심으로 사세보시 요시이(吉井)지구에 에도 시대부터 있었던 나오야성을 인터넷에 재현해서 일어, 영어로 설명하는 자료를 만들어 세계 곳곳에 알리고 있다. 나오야성은 유적의 대부분이 보전되어 있어서 실제로 걸어서 체험할 수 있는 귀중한 산성 유적이며 비밀의 성으로 알려져 있다. 이제까지 사세보고등학교와 여러 중고등학생들의 발굴 조사를 기반으로 디지털 지도책을 제작했는데 이를 확대하기 위해 크라우드 펀딩으로 49만 5천 엔(495만 원)을 모금할 계획이다. 코로나가 한창일 때는 외출하지 못하는 가족을 위해 음악 감상으로 감성을 위로하고, 음악과 취미로 생활의 즐거움을 느끼도록 하기 위해 콘서트를 계획했다. 음악이 항상 넘쳐흐르는 지역을 만들고 예술문화의 진흥 발전에 기여하기 위해서다. 목표 금액은 37만 5천 엔(375만 원)으로 확정했다.

고향납세는 기부 효과만이 아니고 세수증대 효과, 특산품 판매 촉진, 산업진흥과 관광객 유치, 이주 촉진, 재해 대응, 지역의 과제 해결 등 다양한 지역의 문제를 해결할 수 있는 수단이 되고 있다. 고향납세제도가 지역 주민 모두의 지혜를 모아서 지역경제 활성화를 위한 주춧돌이 되고 있는 것이다.

구마모토현 야마에 마을
-밤 한 개에 2만 원

야마에 마을의 밤은 일본의 쇼와(昭和) 천황에게 진상했던 밤으로 유명하다. 구마모토(熊本)현의 최남단에 있는 인구 3천 명의 야마에(山江)읍은 지역의 90%가 산지이며 급경사지라서 논농사가 불가능하다. 대신 남향으로 경사가 져서 밤과 낮의 온도 차가 심해 당도가 높은 일본 최고의 밤

이 생산된다. 1977년부터 고품질로 널리 알려지자 그 당시 쇼와 천황의 진상품으로 지정되면서 일본 제일의 밤으로 전국에 알려졌다.

몽드셀렉션 금상의 야마에 밤

야마에 밤의 품종은 다른 지역에도 있는 품종이고 특별한 것은 없다. 본래 밤은 관리를 하지 않고 방치해도 생산은 된다. 그러나 재배 관리를 하면 특별한 밤을 생산할 수 있다. 햇빛이 잘 드는 지리적, 기후적 조건을 갖추고 잡초를 제거하고 가지치기를 해주면 고품질의 밤이 생산된다. 수확한 밤은 즉시 출하해서 해충 발생을 방지해야 한다.

1992년 12개 읍면농협이 통합해서 3개의 농협으로 합병하며 야마에 브랜드의 밤이 일시적으로 없어졌다. 야마에 브랜드의 밤으로 판매할 때는 kg당 600엔이었으나 다른 브랜드로 판매하자 200엔으로 떨어졌다. kg당 200엔 가격으로는 생계를 유지할 수 없어서 밤 생산을 포기해야 했다.

야마에 밤을 다시 부활시킨 사람은 나카다케(中竹) 읍장이다. 2009년 동경에서 개최된 빅사이트 특산품전에서 야마에 밤이 최고의 상을 받았다. 이를 계기로 일본정책금융공고로부터 1,200만 엔을 출자 받아 야마에 밤 가공공장을 설립했다. 밤 제품을 농협을 통해 판매하면 1kg에 200엔이고 도매상에 직접 팔 때는 600엔으로 판매했다.

한때 대량 판매가 아니고 소량 한정 깜짝 상품으로 언론에 어필하기 위해서 고급스러운 상자에 넣어 밤 1개에 2천 엔(약 2만 원)으로 판매하기도 했다. TV방송국 모두가 방송했다. 야마에 밤으로 1년에 8천만 엔의 매출액을 올리고 있고 고급품으로 인정되어 계속 인기 농산물로 인정받아 발전할 것으로 생각했지만 밤 재배농가가 고령화되어 수급 균형이 깨지고 있다는 것이 문제가 되었다.

2016년에는 미식의 고장 프랑스의 루브르박물관에서 시식회를 개최함으로써 세계가 인정하는 야마에 밤으로 평가 받았다. 또 식품, 음료, 화장품 등 건강을 중심으로 한 제품의 기술적 수준을 심사해서 상을 주는 벨기에의 몽드셀렉션(monde selection)에서 3년 연속 금상을 받았다. 지역 주민들은 세계 밤 정상회의를 개최하고 야마에 밤을 세계농업유산으로 지정하겠다는 생각을 가지고 있다. 규슈 산간벽촌의 밤이 세계화하는 날이 올 것을 기대하고 있다.

고향납세 인기 답례품으로 떠오른 야마에 밤

야마에 밤이 최근 고향납세 답례품으로도 인기 있는 상품이 되고 있다. 야마에 밤 만두 8개에 2,780엔으로 판매된다. 밤의 표피에는 폴리페놀의 일종인 타닌 성분이 있다. 타닌은 강한 항산화 작용을 일으키며 암 예방과 동맥경화에 효과가 있다. 표피에는 식이섬유도 많이 포함되어 있어서 변비 개선에도 도움이 된다고 홍보한다. 밤에 있는 비타민C는 전분과 함께 있어서 가열하더라도 영양소가 손실되지 않는다는 장점도 있다. 이 마을의 보물인 밤을 지키기 위해 야마에 마을에서는 '마을의 밤 조례'를 제정했다. 선조들이 밤을 지키고 살아온 역사와 문화에 자부심을 가지고, 야마에의 보물을 다음 세대에 계승시키고 야마에 밤을 통한 지역 활성화를 위해 조례를 만든 것이다.

이 읍의 홈페이지는 "사람이 건강한 지역, 자연이 건강한 지역, 지역사회가 건강한 지역을 찾는다면 바로 야마에무라가 최적입니다. 친구나 친척이 있을까? 자녀 교육이 가능할까? 행정 서비스를 받을 수 있을까? 병원이 관내에 있을까? 이렇게 의문점이 한 둘이 아니지요? 이 모두를 야마에 마을이 해결해 드립니다"라고 기록하고 있다.

이런 영향으로 신규 이주자가 꾸준히 증가하고 있다. 어린이 보육 환경을 고려하여 자연 환경이 좋은 곳에서 여유롭게 살고자 하는 경향이 늘고 있다. 규슈의 산골 구마모토에 있는 야마에 마을은 도시인의 욕구를 충족할 수 있는 유일한 곳으로 평가 받는다. 행정의 복지 지원과 어린이들의 ICT 교육도 훌륭하게 이루어진다. 적당한 빈집과 일자리를 찾을 수 있도록 행정이 정보도 제공해 준다.

이산화탄소 배출량 제로 선언

자연과의 공생과 외경의 생각을 가지고 자연과 밀접해짐과 동시에 자연과 인간의 삶이 조화를 이루어야 한다. 야마에 마을은 자연 속에서 살며 인간이 가지고 있는 자연치유력을 높이면서 어른과 어린이가 함께 지역을 부흥해 가는 것을 이념으로 하는 진산친수(鎭山親水, 자연과 사람이 가지고 있는 자연치유력을 함양하면서 신과 자연과 인간이 함께하는 삶)를 지향한다. 이를 위해 2022년 12월 23일 야마에 마을이 2050년까지 이산화탄소 배출량 제로라는 목표를 달성하겠다고 선언했다.

또한 야마에 마을은 IoT를 활용하여 농업과 임업의 인력 부족을 해결하고 고품질의 농림산물을 생산하기 위해 디지털 기술을 활용한다. 이를 달성하기 위해 야마에읍 미래숙(未來熟) 100인 위원회와 함께 야마에의 숲과 자연을 지키기 위한 환경교육장을 만들어 어린이부터 숲의 혜택을 인지하고 산림을 지키기 위한 인재 육성을 추진하고 있다.

지방자치단체 직원의 의식 개혁으로 고향납세제도를 성공시킨 아와시

아와(阿波)시의 경사지 농업시스템이 2018년 세계농업유산으로 지정된 후 이를 기념하는 심포지엄 행사에 참석한 적이 있다. 또한 행사 전에 경사지 농업 지역을 견학했다.

아와시는 급경사지에 갈대를 집어넣어 토양 유출을 방지하고, 특수한 농기구를 사용해서 다랭이 밭을 경사면 그대로 경작하는 독특한 농법으로 재래종 품종의 잡곡 등 다양한 품목을 재배하고 있다. 시고쿠(四國) 중앙부의 니시아와(西阿波)로 불리는 도쿠시마(德島)현 서부의 산간부에서는 경사도가

40도나 되는 급경사지를 다랭이논처럼 수평면으로 개량하지 않고, 경사지 그대로 둔 채 밭농사를 한다. 비바람 등으로 일어나는 토양의 유출을 방지하기 위해 초지에서 채취한 갈대를 밭에 집어넣는다. 이렇게 토사 유출을 억제하면서 메밀 등의 잡곡이나 채소, 산채, 과수 등 소량 다품목을 조합하는 복합경영을 함으로써 급경사지의 환경에 적응해 왔다. 이것이 '니시아와의 급경사지 농경시스템'이다. 400년에 걸쳐 이 농경시스템이 계승되고 있다. 일본의 원시림 풍경이라고 볼 수 있는 산촌 풍경, 저장식의 가공과 식문화 그리고 농경과 관련된 전통행사 등도 지역 주민들의 노력으로 보존·계승되고 있다.

이 지역의 명물 요리인 '다라이 우동'은 한 번 먹으면 그 맛을 잊을 수 없다고 전해진다. 계란의 노른자를 포함해 질긴 감이 있는 두꺼운 면을 양념에 찍어 먹는 향토 요리다.

도쿠시마시에서 30분 거리이고 역사와 문화자원이 풍부한 아와시에 연간 120만 명의 관광객이 찾아온다. 장기간의 비바람으로 만들어진 사암층 '아와 흙기둥'은 자연의 예술이라고 할 수 있는 웅대함을 느끼게 한다.

초등 1년부터 영어 교육

아와시는 고향납세 기부금 사용처를 1) 생애학습과 학교 교육 충실, 2) 지역 복지와 어린이 보육 지원, 3) 아름다운 환경 보전, 4) 농림업 발전과 관광 진흥, 5) 인권 존중과 지속가능한 지역 경영으로 정하고 있다.

아와시는 초등학교 1년부터 영어 교육을 실시하고 있고 2015년부터 학력 향상 추진 강사를 초중학교에 배치하여 복수의 교사가 협력해서 수업을 진행한다. '인재가 꽃을 피우는 것'을 아와의 미래 방향으로 결정하고, 인재 양성을 핵심으로 한 지역 활성화를 실현하고 있다.

고향납세는 지방 발전의 일환으로 만들어진 세제시스템이다. 농촌 지방에서 태어난 사람들이 고등학교까지는 고향에서 자라고 그 후 진학이나 취직을 위해 도시에 나간다. 그리고 도시에 세금을 내는 구조가 만들어지고 있다. 인간의 토대 만들기는 지방에서 담당하고 있으나 정작 지방은 세금을 받을 수 있는 기회가 없는 것이다. 지방에는 지방의 이유, 도시에는 도시의 이유를 말할 수도 있다. 고향납세제도에 대해서도 다양한 의견이 있을 수 있다. 자기가 태어나고 길러준 고향에 대한 추억과 자발적인 의사로 납부할 수 있는 정책은 매우 중요한 의미가 있다고 생각한다.

인재 양성을 중심으로 지역 활성화를 추진해온 각 지자체인 만큼, 거주 지역 이외의 자기가 태어난 지역에 공헌하고 싶다는 뜻을 수용할 수밖에 없었다고 한다.

지자체 직원의 의식 개혁

고향납세제도를 성공시키려면 지자체 직원의 의식 개혁이 무엇보다 중요하고 필수적인 사항이다. 고향납세는 지방자치단체의 노력과 창의력이 시험받는 제도임에 틀림없다. 노력하고 고민하며 창의력을 발휘한 지자체는 세수증대만이 아니라 답례품으로 지역 산업이 활성화 되고, 지역 특산품의 인지도가 확대되면서 인구증가도 일어날 것이다. 이러한 흐름을 생각하며 아와시는 고향납세제도를 활용해서 지역사회를 새롭게 발전시킬 수 있는 토대를 만들겠다는 자세로 임해왔다.

아와시는 기부금의 액수가 지자체에 대한 성적표가 아니라는 인식 하에 지역과 밀착된 답례품을 개발하기 위해서 기부금액을 1만 엔 이상과 3만 엔 이상 두 가지로 구분해 시행하고 있다.

특산품 인증제도 창설

농업을 통해 지역을 발전시키겠다는 아와시는 요리연구가를 중심으로 아와시에서 생산한 채소를 '아와베지'로 칭하고 홍보를 수행하는 시민단체를 발족하는 한편, 유치원이나 초등학교 등에서 식재료로 사용해 왔다. 채소 소믈리에 자격증 취득을 지망하는 시민에게 비용의 일부를 시가 지원하는 등 주민과 행정이 함께 농업 발전을 위해 주력하고 있다.

더불어 지역산 채소의 가치를 높이기 위해 농산물이나 가공품의 품질을 시가 보장하는 '특산품 인증제도'를 도입했다. 아와시는 소고기와 쌀이 주력 특산품이며 그 이외에 하라다 토마토와 '별의 시즈쿠'라는 토마토가 있다. 하라다 토마토는 당도가 8~12브릭스이고 철분과 비타민이 일반 토마토보다 3배나 많이 포함되어 있다는 것이 증명되었다.

답례품 생산을 기반으로 신상품 개발에 매진

'별의 시즈쿠(물방울)'라는 토마토는 자녀와 손자들이 좋은 토마토를 먹을 수 있도록 하기 위해 일부러 건강한 토양을 만들고 유기비료를 사용해서 생산한다. 농약 대신 살균 방충 작용을 하는 허브기름을 사용하고, 모차르트의 음악을 들려주면서 토마토를 재배한다. 이 토마토는 보통 토마토보다 손이 많이 가고 수확량도 적어서 1일 최대 5상자만 주문 받는다.

아와시는 답례품 생산자로 인정된 사업자에게 답례품에 특화된 상품만 생산하는 것을 피하도록 요청한다. 급작스럽게 고향납세제도가 폐지되는 일은 없겠지만 이 제도가 있는 동안에 더욱 노력을 해서 영구히 살아남을 수 있는 상품력을 키워야 한다는 것이다. 이에 따라 답례품 생산자들의 노력으로 토마토 퓨레, 젤리 등 가공품도 탄생해서 특산품 인증을 받는 등 신상품 개발이 활발히 진행되고 있다.

기부자와 적극적인 커뮤니케이션

지금까지 아와시의 농산물 중 전국적으로 알려진 것은 없었으나 시민과 행정이 연대해 농업을 중심으로 한 지역 활성화를 추진하면서 지역 농산물의 브랜드 가치가 대기업의 눈에 띄게 되었다. 이온 그룹의 자회사가 농지를 임대해서 이온 도쿠시마 아와농장에서 농사를 시작했다. 생산하고 있는 농산물은 생으로 먹는 옥수수와 향기가 짙은 오이 등 보통의 슈퍼에서는 취급하지 않는 희귀한 품종이다. 농작물은 수확한 후 빠르게 유통시키지 않으면 가격이 떨어지는 원인이 되지만 대규모 유통회사가 취급을 하게 되면 가격폭락 문제는 해결된다. 이제까지는 소규모 농가를 불리하게 했던 약점이 오히려 장점으로 변하고 있다. 지금까지 농업으로 지방을 살리는 것을 목적으로 해온 아와시의 노력이 대형 유통사의 인정을 받게 되고 드디어 온풍이 불기 시작했다.

고향납세제도는 지방자치단체 공직자의 노력 여부를 평가하는 시험제도와 같다. 이제까지 행정 업무가 수치로 평가 받은 적이 별로 없었다. 그러나 이 제도는 어느 지자체가 어느 정도 열심히 노력하고 궁리했는지가 수치로 나온다. 지자체장 선거에서도 고향사랑기부금 모금액수의 순위가 바로 지자체장의 점수가 될 것이다.

아와시는 기부금을 확대하기 위해서 두 가지 전략을 수립했다. 첫째는 고향납세에 참여한 기부자, 지역 주민, 행정이 적극적으로 교류와 대화를 확대하는 것이다. 성공한 아와 출신자 등에 대한 답례품은 직접 만나서 감사를 표시하고 전달하는 등 발로 뛰는 행정을 중점으로 추진하고 있다.

두 번째, 답례품은 출향 인사와 협의 후 선택·전달하고, 기부금의 사용처도 기부자의 의견을 적극 수용하는 자세를 갖는 것이다. 그렇게 해서 고향납세자가 아와시를 응원하는 후원자가 되도록 만들고, 품질이 좋은 농특산물을 생산해서 고정 고객을 창출하는 것이다.

아와시는 이렇게 하여 산간벽지라는 약점을 강점으로 전환하고 출향인사를 고정 고객으로 만들었다. 출향 인사 등 사람과의 인연을 중요시하면서 지역경제 활성화를 수행하는 아와시를 일본인 모두가 관심을 가지며 주시하고 있다. 고향납세의 기부처로 영원히 선택받을 수 있는 지역을 목표로 아와시의 도전은 계속될 것이다.

기부금액의 90%를 전통공예 지원에 사용하는 사가현 가미미네읍

가미미네(上峰)읍은 사가현의 현청 소재
지인 사가시와 후쿠오카현 구루메시의 중
간에 위치하고 있다. 사가시 중심부에서
는 동쪽으로 약 15㎞, 구루메시 중심부에
서는 서쪽으로 약 15㎞의 거리이다. 읍의
구역은 대부분 사가 평야에 포함되어 있으
며 평지가 많다. 마을 북부에는 헤이안시

대 말기의 무장 겐웨이조(源衛朝)가 진서팔로(鎭西八郎)라 칭하며 규슈를 평
정할 때 성을 쌓은 진서산(鎭西山)이 있다.

이 읍의 총인구는 9,500명이고 1차 산업 종사자가 6.1%, 2차 산업 종사자가 31.3%, 3차 산업이 62.6%이다. 소규모 지방자치단체이지만 고향납세 부분에서는 매년 10위 안에 들어갈 만큼 주민 모두가 열정적으로 행정에 참여한다. 2023년 1년 예산은 159억 엔이고, 고향납세로 108억 엔을 모집해 전국 6위이다. 2020년에는 답례품 인기 순위에서 사가현산 소고기가 전국 2위를 했다. 또한 한국의 여주시와 자매결연 하여 교류하고 있다. 가미미네읍의 고향사랑 답례품은 쌀과 뱀장어, 유기농 농산물이다.

북쪽으로 가면 아름다운 산골 풍경이고 남쪽으로 내려오면 조용한 전원 풍경이 아름답다. 방문자가 자연을 즐길 수 있고, 몸과 마음이 치유 되며, 맛있는 음식과 옛 역사가 있어서 고향에 온 것 같은 기분이 든다. 이 지역 내륙에서 비육을 한 흑모와규(黑毛和牛)의 최고급 사가우(佐賀牛)는 전일본 소 지육 경연대회에서 명예의 상을 수상할 정도의 명품으로 알려져 있다. 입에 넣는 순간 황홀하게 느껴지는 육질과 최고급 A5등급의 식감을 즐길 수 있다는 점이 자랑이다.

명품 도자기 아리타야키

아리타야키는 사가현 아리타(有田)를 중심으로 생산한 도자기를 말한다. 도자기를 생산한 뒤 이마리(伊万里)항에서 배에 실어 운반하기 때문에 이마리야키(伊万里燒)라고도 부른다. 나베시마요(鍋島燒)는 일본 국내용으로 막부나 다이묘 등에 선물용으로 만드는 관요이다. 나베시마 번의 번명을 걸고, 채산성을 떠나 최고의 작품만 생산했다. 나베시마 번은 당초 일본 유일의 도자기 생산지였던 이들 요에 혈역소(血役所)라는 관청을 설치하고 기술자 보호와 육성에 심혈을 기울였다. 생산된 도자기는 영주가 전매제로 전량 매입해서 도공의 생활을 보호했으나 기술이 외부에 유출되는 것을 금지하기 위해 완전히 외부와 격리해서 도공은 평생 외출이 금지되었고, 외부에서 타인들이 들어오는 것 역시 금지할 정도로 폐쇄적인 사회가 형성되었다.

아리타야키는 전국 도자기 생산 지역의 동경의 대상이 되었고, 1806년 세도(瀬戸)에 있는 어떤 도공이 아리타에 잠입하는 바람에 기술이 밖으로 누설되었다. 이후 세도에서도 자기 생산이 시작되어 동일본의 시장을 점점 점령해 갔다. 에도 말기에는 세도에서 얻은 기술로 전국의 지방 요에서도 자기의 생산이 가능해졌다. 그러나 아리타는 일본 자기 생산의 톱 브랜드로 알려져 있어 그 이름은 지금도 변함없이 유명하다.

기부액의 90%를 전통공예에 지원

가미미네읍은 사가현의 전통공예를 지원하는 '피스클럽 사가'를 운영하고 있다. 만드는 사람과 사용하는 사람을 연결한다는 목적으로 상품 개발과 신규 판로 개척 등 각종 지원 활동을 하고 있다. 이들은 사가현의 전통공예를 미래에도 유지하기 위해서 힘을 보태달라고 호소한다. 고향납세에 의한 기부액의 90%는 사가현의 전통공예를 지원하는 활동에 사용된다. 그 외에 생산자의 시장 조사, 정보 교환, 신규 판로 개척, 국내외 디자이너 발굴과 상품 개발 등에 사용된다.

답례품으로 사가현의 공예 사업자가 정성을 쏟아서 만든 전통공예품을 사용한다. 전통공예품은 사용하는 사람의 생활을 풍요롭게 도와주는 존재로 인정된다.

이삼평(출생은 불명이고 1655년 9월 10일 사망했다)은 일본으로 20대에 잡혀온 것으로 알려졌다. 그는 금강삼병위(金江三兵衛)라는 이름으로 80대 후반까지 살면서 도자기를 생산했다. 2022년까지 직계의 자손이 도자기 제조활동을 하고 있고 14대까지 계승되고 있다. 한반도에는 그 이상의 훌륭한 도공이 있다고 하지만 그 작품이나 기술 모두가 남아있는 것은 거의 없다. 심수관 씨처럼 일본에 온 조선 도공만 역사에 이름과 작품을 남기고 있다.

가미미네읍의 고향납세 기부금 사용처

사가현 가미미네읍은 고향납세로 받은 기부금을 다음의 목적을 달성하기 위한 사업에 활용한다고 선언했다.

1) 유기농 쌀과 지역 생산품의 유기농화를 추진하기 위한 환경을 조성하고 어린이들에게는 유기농 급식을, 기부자에게는 안전한 답례품을 전달한다.

2) 웃는 사람들이 모이는 교류 거점 '국도의 역' 직매장을 운영한다. 양식, 가공, 판매까지를 일관되게 실시하는 양만장(養鰻場)을 건설해 안전, 안심, 고품질의 '가미미네 장어' 브랜드화를 목표로 한다. 장어의 유명산지인 치쿠고가와(筑後川) 수계의 지리적 이점을 살려 새로운 지역 특산품 창출을 목표로 한다.

3) 배움터 정비 프로젝트를 통해 아이들의 배움의 장소를 정비한다. 유년기부터 국제적 감각을 몸에 익힐 수 있는 교육 환경을 만들고 체육관

등을 정비해서 세계를 무대로 활약하는 인재 육성을 목표로 한다.

4) 서로가 마음이 통하는 쉼터 '모두의 공원 프로젝트'를 통해 가미미네읍의 중심 시가지에 어린이부터 고령자까지 모든 세대가 부담 없이 이용할 수 있는 공원을 정비한다.

5) 웃는 얼굴로 귀가하고 아름다운 추억이 생기는 집 '주택정비 프로젝트'를 통해 지역 주민 모두가 자녀 출산과 교육이 가능하며, 모든 주민이 건강하고 재해의 예방 환경이 갖추어진 안전한 생활을 할 수 있는 마을 만들기를 목표로 한다.

고향납세금으로 사회공헌 정책을 수행

가미미네읍은 타인에게 도움이 되는 정책이나 사회공헌을 위한 정책에 고향납세금을 사용한다. 예를 들면 고향납세로 모금한 재원으로 고령자와 장애인의 취로지원시설과 고분공원을 지키는 봉사단을 위한 숙박시설을 운영하고 있다. 취로지원시설은 지적·신체적 장애자가 사회복귀나 자립을 목표로 취업과 생활습관을 배우기 위한 연수와 숙박 장소로 활용된다.

일본 총무성 발표에 의하면 고향납세의 사용처를 기부자가 선택할 때 가장 많이 선택하는 분야가 어린이 보육 분야로 1,222억 엔 규모이다. 그 다음은 교육과 인재 육성에 672억 엔으로 일본 국민은 미래세대 육성 분야에 관심이 높은 것으로 나타났다. 고향납세에 참여하는 국민이 어떤 분야의 정책 실현을 요구하는지를 파악할 수 있다.

후쿠오카현 오카가키읍의
크라우드 펀딩 고향납세

현해탄에 접한 후쿠오카현의 오카가키
(岡垣)읍의 북쪽 솔밭은 일본의 모래사장과
청송100선으로 선정된 아름다운 청솔밭
으로 유명하다. 이 솔밭을 바라보는 장소에
서 망고 농장을 경영하는 이리에(入江豊誠)
씨는 10년 전부터 후쿠오카에서는 보기
드문 완숙 망고를 생산하고 있다.

신규 이주자의 주택 구입 개축비 지원

오카가키읍은 인구 5천 명의 작은 지방 도시지만 새로운 주민이 이주해 올 수 있도록 어린이 보육을 위해 적극적인 지원을 하고 있다. 오카가키마을 전체가 진심을 담아 이주자를 물심양면으로 후원하는 분위기다. 신규 이주자가 주택을 구입하고 이사해 오면 집의 개축비, 세금 등을 모두 읍에서 부담해 준다. 지역의 빈집을 등록해서 빈집을 찾는 사람이 쉽게 찾을 수 있도록 '빈집은행'도 운영하고 있다. 신규 이주자에게는 최대 45만 엔(450만 원)을 정착 장려금으로 지급한다.

초등학생의 의료비를 지원하고 중학생까지는 병원에 입원했을 때 자기 부담액은 무료로 한다. 다양한 체험이나 교류가 가능한 '아동센터-어린이 미래관'을 설치해 어린 학생 보육을 지원하고 통학버스 이용도 무료로 제공한다.

신토불이 식육 추진

신선한 남쪽 바다의 생선과 산나물이 많은 오카가키읍은 학교 급식도 지역 내에서 생산된 과일과 해산물을 적극적으로 활용해 식생활 교육 활동을 하고 있다. 신규 전입자에게 과일 등 지역 특산품을 선물하는 '웰컴 서비스 사업'도 실시하고 있다.

전국 각 지역을 다니면서 이주처를 물색하다가 오카가키읍에 정착한 한 가정이 있다. 항공자위대 출신으로 전국 각 지역을 돌아다니며 살아온 경험이 있는 이 사람은 일본 지도를 펴놓고 어느 지역으로 이주해 살 것인지 곰곰이 생각해 보았다. 지역을 압축해서 최종적으로 선택한 곳이 풍요로운 바다와 산이 있고 명수(明水)로 유명한 오카가키읍이다. 기타큐슈시와 후쿠오카시 두 도시와 공항이 가까운 곳에 있는 점도 마음에 들었다.

이주하기 전에 이 읍에서 1년만 시험거주 해보기로 했다. 신선한 식자재가 풍부한 식생활 환경이 마음에 들어 이곳에 정착을 결심한 뒤 집을 신축하기로 했다. 40세에 이사 오면서 20~30년 후의 노년 생활도 신중히 고려했다. 오카가키읍은 행정기관도 가깝고 도서관도 지근거리에 있어서 지역사회가 완벽하게 갖추어졌다는 생각이 들었다. 현재 3명의 어린이를 키우는 부모로서 초등생의 통원 의료비 지원 등 어린이 보육 환경이 양호한 점도 이 지역을 선택한 이유다.

이곳으로 이사해 온 야마사키(山崎) 씨의 사례도 있다. 직업적인 일로 오사카, 동경 등 대도시와 지방도시를 전전했으나 2013년에 이 지역으로 이주해 왔다. 처음에는 오카가키읍을 알지 못했으나 우연히 방문해 본 뒤 자연이 아름답고 공공시설도 충실하며 부부가 좋아하는 목욕탕 시설도 완비되어 있어서 이 지역의 매력에 빠졌다. 야마사키 씨는 고정자산 취득세를 지자체가 전액 보조하는 제도도 있고, 읍 전체가 이주자를 증가시키기 위해 다양한 제도적 후원을 하고 있다는 점을 확인하고 이 지역으로 이주를 결심했다.

웰컴 캠페인 사업-신규 전입자에 선물

오래전부터 식생활에 관심이 높은 부부는 이곳의 신선도가 높은 식자재를 파는 직매장이 마음에 들어서 자주 간다. 신규 전입자에게 지역 특산물을 선물로 보내는 '웰컴 캠페인 사업'도 있다. 여기서 받은 딸기는 깜짝 놀랄 만큼 독특한 맛이 난다. 오카가키읍은 생활이 쾌적하고 젊은 세대 정착자가 점진적으로 늘면서 지역경제도 활성화 되고 있다.

오카가키읍은 아마오우 딸기 1.12kg을 9천 엔의 고향납세 답례품으로 배달해 준다.

크라우드 펀딩 형태의 고향납세

오카가키읍은 2021년부터 신규 사업에 투자하기 위해 크라우드 펀딩 형태의 고향납세를 운영하고 있다. 오카가키읍은 전철역을 화려한 빛으로 빛나게 하는 사업을 크라우드 펀딩, 즉 공모사업으로 추진하기로 했다. 이 프로젝트는 코로나19 문제로 침체된 분위기 속 주민들이 일루미네이션 광(다양한 색의 장식용 전등)을 통해 치유하는 것을 목적으로 추진했다. 모은 기금은 전기 자재의 구입 등 일루미네이션 설치에 필요한 비용으로 활용한다. 목표 금액은 30만 엔(한화 300만 원)이다.

오카가키읍은 '흰모래 청솔', '깨끗한 시냇물의 상징인 반딧불', '붉은 거북이 돌아오는 해안', '풍요로운 자연 환경을 보전하기 위한 사업' 등에 사용할 자금을 모금하는 펀드도 추진하고 있다.

2008년 고향납세 출발 시점에는 오카가키읍의 실적이 불과 6건에 54만 엔이었으나 2021년에는 2만 건에 2억 8천 4백만 엔의 고향세액 납부 실적을 올렸다.

일본 주고쿠(中國) 산맥에 위치하고 돗토리현과 효고현에 접해 있는 오카야마(岡山)현 니시아와구라(西栗倉)읍은 인구 1,500명의 작은 시골이다. 고령화율이 30%를 넘는 지역이며 총면적의 95%가 임야이고 삼나무와 편백나무를 중심으로 산림자원이 풍부한 지역이다. 지역에서 생산된 목

재는 미마사카(美作)스기라는 이름으로 유명해졌으나 가격이 저렴한 수입산 목재와의 경쟁 등으로 소홀하게 관리되었다.

한때 지자체 합병 논의가 있었으나 주민들은 독자적으로 자립하기로

결의했다. 자원은 산림밖에 없는 지역이다. 산림은 관리를 하지 않으면 상품 가치가 별로 없다. 읍은 수령 50년 이상 된 삼나무와 편백나무 숲을 활용하는 방법을 찾기로 했다.

2008년 니시아와구라읍은 '100년 후의 산림구상'을 발표했다. 황폐한 산을 간벌하는 등 숲을 아름답게 만들기 위해 지역 주민 모두가 고향 마을 존폐의 위기의식을 가지고 한마음으로 의견 일치를 보았다. 이러한 주민들의 노력이 밖으로 알려지고 젊은 청년 10여 가구원 50명이 이주해 와서 산림자원을 활용한 산업을 일으켜 소멸되어가는 산촌경제가 활력을 되찾아가고 있다. 산림 이외에는 아무 자원이 없는 지역이지만 주민 모두가 합심해서 지역을 활성화해가는 모습을 보고 일본 국민이 관심을 두고 있다.

중앙정부의 지역경제 활성화 전문가 지원

일본 총무성은 2004년 지역경제 활성화를 위한 구체적 기술을 가지고 있는 기업이나 개인을 소개하고 최장 3년간 업무를 위탁하는 조건으로 모든 경비를 중앙정부가 보조했다. 니시아와구라읍은 이를 신청해서 2005년 마키 다이스케(牧大介) 씨가 파견되었고 이는 읍의 운명을 결정하는 대변혁의 계기가 되었다. 이후 마키 씨는 지역 살리기 경영자로 일본 내의 유명인사가 되었다.

일본의 명문대학인 교토대학에서 산림생태학을 연구한 마키 씨는 미쓰비시종합연구소의 자문역으로 규슈, 시코쿠 지역의 산림에 관한 정책, 제도의 책정, 민간기업과 산림조합의 경영 개선 등을 전문으로 연구했다. 2005년 지역의 목재를 활용해서 풍요로운 자연, 문화, 인간관계 구축을 목적으로 '지속가능 경제연구소'를 설립하고 컨설팅부문 부장이 되었다.

니시아와구라읍에서 가장 큰 사업은 '나무의 공방, 목훈'이라는 사업이다. 지역 산림조합에서 일하고 있는 구니사토 씨는 간벌 목재를 그대로 판매해서는 숲의 유지가 어렵다고 판단하고 이를 가공해서 부가가치를 높이고 가공품 판매도 직영해서 지역에 가치가 부여되도록 했다. 마키 씨는 목훈의 설립 멤버가 되어 기업 이념, 사업 구상, 자금 조달, 상품 내용 등에 자문을 해 주었다.

2008년에는 '100년의 숲 구상'을 발표했다. 수령 50년이 된 인공 숲을 지역 주민이 관리해서 50년 후인 2058년까지 관리 보전하는 구상이다. 행정의 홈페이지에 당시 읍장 미치우에(道上正壽)의 선언문과, 100년 동안 관리된 아름다운 숲 사진, 산림과 숲을 상품화할 방향을 실었다. 이는 숲을 반드시 보전한다는 목표를 정확히 제시한 것이다.

지역자원의 사업화

지역자원을 사업화하기 위해 이주자 수용과 읍의 비전을 제시하고 관련 산업의 발전을 구체화했다. '공유의 숲 펀드'를 창설하여 1구좌 5만 엔의 출자금을 모집했고, 펀드로 조달된 자금은 산림 관리와 생산성 향상, 고성능 임업기계 구입 비용 등에 충당했다.

또한 투자가에 한정하여 니시아와구라읍 여행 티켓과 지역 상품을 우대 판매했다. 이는 지역의 펀드를 늘리는 것이 주요 목적이었다. 동조자 확보와 고객 창조를 통해서 읍과 소비자의 인간관계를 만들고, 펀드로 자금을 모으는 것이 중요했다. 돈을 지불한 사람은 지역의 발전을 열심히 응원하게 된다. 일 구좌 5만 엔이라는 금액은 조금 용기를 내야할 금액이지만 결과적으로 양질의 고객이 확보될 것으로 판단했다. 투자한 고객은 주민과 지역사회의 가능성을 믿고 포기하지 않을 것이며, 사람의 손길과 지역자원의 복합으로 새로운 가치를 창출하는 것을 목표로 하고 명품 만들기에 매진하기로 각오했다.

니시아와구라 숲의 학교

폐교가 된 초등학교의 직원실에서 탄생한 '니시아와구라 숲의 학교'가 창업 12년이 되어 목재 가공, 딸기 재배, 카페 운영, 자연 체험 프로그램 운영 등의 사업을 하고 있다. 숲의 학교는 지역 내에 있는 유무형의 모든 자원을 활용하는 것을 보람으로 생각하는 회사다. 대규모 목재 공장처럼 대량생산은 불가능하지만 작은 아이디어를 활용해서 의미 있는 물건 만들기에 특화된 회사다. 그래서 자원이 없음을 탓하지 않고 지역에 있는 것을 잘 활용하는 장점이 있다. 목재 가공으로 발생하는 나무토막을 이용해서 작은 상품을 만들고 나무 표피를 배토로 활용해서 딸기를 재배하는 등 다양한 아이디어를 사업화해 지금까지 성장하고 있다.

그들은 가파르게 성장하는 것은 불가능하지만 나무 하나하나에 매년 나이테를 만들어가는 통나무처럼 시간과 세월을 들여가며 성장해서 줄기와 잎을 뻗어가듯 '숲의 학교'와 '니시아와구라읍'이 함께 성장하기를 기대한다.

최근에는 벤처기업, 교육기관, 지자체 행정기관 등 연간 300명 이상이 견학을 온다. 2박 3일 일정으로 기업 대상 연수도 실시한다. 중산간지 사업 개발과 1차 산업 상품 개발 컨설팅도 하고 있다.

완숙딸기 수확 체험은 인기가 폭발하고 있다. 삼나무, 편백나무의 수피와 톱밥을 배토로 활용하고 난방기에서 발생하는 탄산가스를 재이용하는 등 자연순환형 농업의 실천을 목적으로 한다. 편백나무의 증류수를 활용한 무알콜 제균 스프레이도 개발 판매하고 있다. 나무로 만든 캘린더도 인기 상품이다.

마키 씨는 『로컬벤처-지역에는 비즈니스 가능성이 넘쳐난다』는 책도 출간했다. 그는 최근 농림수산업의 종합적인 6차 산업화를 위한 연구개발 사업에 전념하고 있다.

에너지 자급률 100%-SDGs 미래도시 선점

니시아와구라읍의 2020년 고향납세 모금 실적은 4,775건에 1억 4천만 엔이다. 읍장은 기부자가 보내준 기부금을 니시아와구라 지역 발전기금에 적립하고 임업의 6차 산업화 등 9개 사업에 활용해서 최고 품질의 시골 고향을 만들겠으니 읍장을 믿고 맡겨달라고 호소한다. 또 SDGs 미래도시와 탈탄소 선행 지역으로 풍요로운 숲을 살리고, 수자원을 이용한 수력발전을 확대, 산림 바이오매스의 활용으로 재생 가능 에너지 자급률 100% 지역 만들기를 목표로 하겠다고 선언했다.

고향납세로 긴급재해지원 -구마모토현 미나미아소읍

구마모토현 북동부에 위치한 미나미아소(南阿蘇)읍은 화산이 만들어낸 다양한 지형이 있어 그 자체만으로도 특이한 관광자원이 되고 있는 곳이다.

이곳은 농경지와 마을이 인구 1만 2천 명 주민의 생활 터전이다. 가는 곳마다 지하수가 솟아오르는 미나미아소읍은 온천

으로도 유명하다. 풍부한 용출수와 다양한 성분의 온천수 덕분에 여러 차례 방문해도 질리지 않는 매력이 넘치는 지역으로 알려지고 있다.

고향납세 모금액을 재해 긴급지원금으로 사용

푸른 초원이 널리 펼쳐진 아소큐슈 국립공원에는 봄이 되면 일제히 풀을 제거하기 위해 일부러 불을 질러 태우는 행사가 열린다. 이 행사는 초원을 소의 방목지로 활용하기 위해 풀밭이 수목으로 변하지 않도록 천 년 전부터 꾸준히 행하고 있는 연례행사다. 일본 명수(明水) 100개 지역으로 선정되었고 황소가 푸른 초원을 유유히 활보하는 모습을 흔히 볼 수 있다. 이러한 지역자원을 가진 이곳은 일본인의 고향이라 불리고 있고 연간 700만 명의 관광객이 방문하고 있다.

최근에는 일본 최초로 재해지역 긴급 지원 방법으로 고향납세제도를 활용했다. 고향납세제도의 취지에 맞게 활용하면서 지역의 장점을 알리고, 침체된 지역경제를 살리기 위한 세입 확보에 매우 유용하다고 생각했다. 이 제도를 최대한 활용하기 위해서는 기부자의 입장에서 편리한 납세 사이트 도입이 필수적이다. 2015년부터 고향납세 사이트의 하나인 사토후루를 도입해서 고향납세를 본격적으로 홍보하고 참여하도록 했다.

사이트 도입 전 연 100만 엔 정도였던 기부금액이 2015년 사토후루 사이트를 도입한 후 1년에 3,180만 엔으로 급증했다. 그 후 이 지역에 대규모 지진이 일어났다. 지진의 영향으로 고향납세 답례품의 모집이 모두 중단되었으나 그럼에도 불구하고 사이트의 활용 덕분에 기부 건수는 1만 4천 건, 기부액은 2억 6천만 엔으로 폭증했다. 이 읍에서는 기부금의 사용처를 6개 항목 중 하나를 선택하도록 했으나 기부자의 대부분은 지진 복구를 선택해 주었다. 포털사이트에 "힘내세요", "건강 조심 하세요" 등의 메시지를 첨부해서 무조건적으로 기부하는 사람들이 대다수였다.

고향납세제도 도입 초기에는 고향처럼 인연이나 혈연관계가 있는 지역에 은혜를 갚는 제도라는 이미지가 강했으나 제도 시행 8년이 지난 후 재해지역 지원이라는 새로운 수단으로 활용되었다는 점이 매우 중요하다. 지진 발생으로부터 24시간 이내에 포털사이트에 '구마모토 지진재해 긴급지원기금'을 설치하고 기부금 접수가 시작되었다.

지자체 간의 벽을 넘어 재해 지원의 폭이 넓어졌다

구마모토 지진 복구 지원 등의 경험 이후 또 하나의 새로운 움직임이 나타났다. 사토후루는 고향납세를 활용해서 미나미아소읍을 지원하기 위해 모금 전용 사이트에 '구마모토 지진재해 긴급지원모금'을 설치하고 기부금 취급을 개시했다. 이러한 모금 정보를 사토후루와 소프트뱅크가 SNS를 사용해 확산시키자 단시간에 수억 엔의 지원금이 모였고 기부자로부터 생각보다 간단하다는 반응이 나타났다. 그 후 다른 고향납세 사이트 사업자도 여기에 호응해서 위탁수수료도 받지 않고 재해지원금 모금을 실시하는 움직임으로 확대되었다.

이러한 모금 활동으로 한 달 동안 1억 4천만 엔의 기부금이 모금되었다. 답례품의 발송을 중지하고 사토후루 사이트의 위탁수수료도 면제되었기 때문에 행정은 다른 민원 업무를 중단하지 않고 재해 후속 행정 업무를 원활하게 진행할 수 있었다는 평을 받는다. 여기에 기부 행정을 대리 수탁해서 후원하겠다는 지자체도 나타나 피해 지역 간의 연대도 일어났다. 야마구치(山口)현의 야나이(柳井)시 등 4개 지자체가 사토후루를 통하지 않고 대리수탁 업무를 담당해 주었다. 지자체 간의 담을 넘어 전국에서 수많은 지자체 직원들의 후원을 받는다는 것은 상상도 못했던 일이다. 직원의 대부분이 재해 업무에 매달려서 통상 업무가 중지된 상태인데도 여러 지역의 고향납세 업무 지원은 큰 힘이 되었다.

미나미아소읍의 인기 답례품으로 말고기 사시미가 300g에 1만 7천 엔이고, 물이 가장 좋은 논에서 생산된 쌀이 4kg에 1만 엔, 순국산 말고기 사시미는 300g에 3만 7천 엔이다.

기부금 사용처는 1번이 지진피해 복구용, 그 다음은 순서대로 지하수 보전, 고령자 장애인 지원 등 사회복지비, 특산품 생산 활동 지원, 지역경제 진흥, 읍장에 위임하는 순서로 선택되고 있다.

가미야마읍의 지속가능한 지역 만들기와 고향납세

2019년 시코쿠(四國)현 아와 지역의 세계농업유산 관련 심포지엄에 참석하고 돌아오는 길에 인접해 있는 도쿠시마(德島)현 가미야마(神山)읍을 방문했다.

도쿠시마시 중심부에서 남서쪽으로 가다가 긴 터널을 지나면 가미야읍에 도착한다. 해발 1,000m 급의 산으로 둘러싸인

이곳은 총 면적의 83%가 임야다. 1955년 인접 5개 읍이 합병해서 당초 인구는 2만 명이었으나 현재는 5천 명 정도로, 일본 전국에서 소멸가능성이 20번째로 높은 지역이다.

오오미나미 신야(大南信也)는 동경대학 물리학부를 졸업하고 미국 실리콘벨리에 있는 스탠포드대학에서 공부한 물리학자이다. 그는 부친의 부름을 받아 고향에 돌아와 소멸 위기의 고향을 살리기 위해 헌신하고 있다. 오오미나미 씨는 고향 마을의 소멸을 그대로 둘 수는 없다고 생각하고 뜻을 같이하는 청년들과 함께 초등학교 폐교 부지에 회원 55명, 상근 직원 6명의 그린벨리(green valley) NPO를 설립했다. 그린벨리는 미국의 실리콘벨리가 IT산업의 발상지가 된 것처럼 무언가 탄생시키는 창조적인 마을로 만들고자하는 생각에서 회원 전원의 찬성으로 설립되었다. 이 마을에 반도체 원료인 실리콘은 없지만 늘 푸른 숲, 즉 그린은 많이 있으니 그린벨리라고 명명했다.

세계 예술가를 초빙해 지역에 활력을 불어넣다

첫 번째 사업으로 NPO 회원들과 논의를 거듭해서 세계예술가촌을 만들기로 했다. 예술가를 초청해 일정 기간 동안 이 지역에 살면서 미술 등 예술 작품을 제작하는 프로그램이다. 첫해에는 영국인과 프랑스인 3명이 3개월 살면서 작품을 제작했다.

2015년에는 141명을 받아들여 이 지역에 거주하면서 곳곳에서 다양한 작품 활동을 하도록 했다. 외국에서 온 예술가들은 호화로운 시설이 있는 도시 지역보다는 농촌에서 소박한 주민들과 교류하면서 작품을 제작하고 싶다는 생각이 강했다. 이 마을에 초청받은 예술가들은 지역의 초중학교에서 학생들을 상대로 영어 등 외국어 수업도 진행했다. 산촌마을의 주민들이 예술인이라는 전혀 다른 이방인들과 교류하면서 산골마을은 새로운 모습으로 진화해갔다.

전국에 있는 인구감소 지역의 고민은 일자리가 없다는 점이다. 그래서 손에 직업을 가지고 있는 사람이 이주해 오도록 하자는 생각으로 수공예, 목공예 등 손재주가 있는 사람을 초빙하여 관내에서 기업과 일자리를 창출하고 있다.

15세 미만 두 자녀 다섯 가족 관내 이주 목표

일본도 인구감소 추세인데 이는 농촌에서도 피할 수 없는 과제가 되었다. 이를 해결하기 위해 도시에서 젊은 인재를 유치하여 다양한 일자리를 만들어 제공하고, 농림업에만 의존하지 않는 균형 잡힌 지속가능한 지역을 만들자는 뜻으로 창조적과소(創造的過疎)라는 말을 사용했다.

창조적과소 마을로 만들기 위해 15세 미만 자녀가 2명이 있는 다섯 가족, 즉 20명을 매년 관내로 유입시키면 지역사회 유지가 가능하다는 도쿠시마대학 교수의 조언을 받아 실천하기로 했다. 이렇게 해서 20명을 매년 이주시키면 관내 2개 초등학교가 2035년에 한 학년 20명의 학생이 있는 학교로 유지될 수 있다고 계산했다. 계획이나 목표 없이 신규 인구 유입을 추진하기보다는 데이터로 확증된 목표를 걸고 추진하고 있는 점이 특징이다.

2011년 동일본대지진과 원자력 발전소 사고로 IT 기업들의 백업시스템을 안전하게 유지할 수 있는 거점을 만들어야 할 필요성이 대두하면서 동경 등 대도시 기업들의 지방 진출이 가속화 되었다.

농촌 지역을 떠나지 않는 젊은이들

그 후 직업인의 명함을 관리해주는 산산(san san) 회사, 앱디자인 회사인 당크소프트(dank soft) 등이 본사는 동경에 두고 위성지사를 가미야마로 이전해 왔다. 한적한 농촌은 곧 대도시에 밀집해 있던 IT맨이 모이는 지역으로 변신하기 시작했다.

IT 기업 당크소프트는 본사를 동경에 두고서 광통신망이 정비되어 있고 자연이 풍요로운 도쿠시마 이야기를 듣고는 써테라이트오피스(Satellite office, 위성지사)로 진출하기로 결심했다. 이 회사는 지역에 있는 오래된 민가를 구입, 개조해서 사무실로 사용한다. 일과 삶의 균형 잡힌 생활 태도가 중요하다고 보고, 지방에 있는 우수한 인재를 등용시키기 위해서 위성지사를 운영한다고 한다. 자연이 풍요로운 농촌에서는 대도시에 비해 창조적인 일의 추진이 가능하다고 믿는다. 위성지사 설립 후 가미야마 출신 23명의 직원을 채용했다. 이렇게 10여 년 지낸 후 동경 본사 직원과 농촌 위성지사 직원의 생산성을 비교해보니 가미야마에 근무한 직원의 생산성이 높은 것이 통계로 확인되었다. 더욱 놀라운 것은 가미야마에 근무하는 직원들은 농가의 지도를 받아 가면서 쌀농사도 한다는 점이다. 산촌 생활에 익숙해진 젊은이들은 이제 농촌을 떠날 생각을 하지 않는다.

IT 기업이 농산촌으로 이주-기업이 원하는 맞춤형 인재 양성

당크소프트의 위성지사 운영 사례는 2011년 일본 국영방송 NHK에서 "IT 기업이 농촌으로 이주한 이유?"라는 제목의 뉴스를 방영하며 일본 전역에 알려졌다. 내용은 이렇다.

"한여름 맑은 계곡물에 발을 담그면서 당크소프트 젊은 직원 2명이 무릎 위의 노트북을 사용하여 멀리 떨어진 동경에 있는 동료 직원과 TV 회의를 하고 있다. 얼마나 시원하고 즐거운가? 물소리 새소리도 들리고 푸르른 숲속의 신선함이 느껴지는 모습."

동경에 본사를 둔 IT 기업이 인구소멸 예상의 산촌에 지사를 두고 텔레워크 하는 모습의 영상을 본 일본 사람들은 큰 감동을 받았다. 그 후 이 지역 출신 지도자 오오미나미 씨와 그린밸리 회원들의 노력으로 대도시에서 91세대 161명이 이주해 왔다. 이들은 웹디자이너, 컴퓨터 그래픽 엔지니어, 예술가, 요리전문가, 구두 맞춤 제작가 등 창조적 직업을 가진 젊은이들이다.

현재 IT 벤처기업이 동경이나 오사카에 본사를 두고 가미야마에 위성 지점을 개설하기도 하는 등 회사를 이전해오는 기업이 16개사에 이른다. 최근에는 가미야마 지역 주민과 NPO 그린벨리는 먼 미래를 내다보고 고향 마을의 장래를 짊어질 맞춤형 인재를 양성하기 위해 '가미야마 온통전문대학'을 설립하기로 결의했다. 기업들로부터 10억 엔의 기금을 모금해서 2023년 개교했다. 지역 내의 회사들이 필요로 하는 가장 적합한 인재를 양성하고 이들의 일자리를 지역 내에서 마련하기 위해서다. 교직원은 18명으로 하고 매년 50명 정도의 졸업생을 배출한다는 것이다. 산산 회사의 사장 대라다(寺田)는 개인 자격으로 수억 엔의 개인자산을 투자하기로 했다. 크라우드 펀딩으로 고향납세를 모금하는 방안도 검토하고 있다.

특징적인 답례품

고향납세의 답례품으로 다랭이논 쌀 1.5kg에 5천 엔(약 5만 원)이고, 산촌의 은혜라는 전통적인 떡과 계절 채소 표고버섯을 세트로 2만 엔, 4명의 농작업 체험과 점심 세트를 20만 엔으로 제공한다. 가미야마읍을 장래 세대에 남겨주기 위해 행정뿐만 아니라 지역 주민과 출향 인사, 지역을 사랑하는 모든 국민과 함께 가미야마의 과제를 공유하고, 고향납세를 여기에 사용하겠다며 약속하고 모금하는 펀드이다.

이 사례는 지구촌 인류의 코로나19 이후 대책과 SDGs 추진을 일본 농산촌이 먼저 보여준 것으로 생각된다.

나가노현 시라우마촌의 고향납세
-고등학교 부활

시라우마(白馬)촌은 일본에서 유명한 산
악리조트로 100년 이상의 역사를 가지고
있다. 1897년 일본 근대 등산의 시조로 불
리는 영국인 등산가 웰타웨스톤이 시라우
마 산을 등산했다. 그 후 많은 등산가가 방
문하고 싶어 하는 지역으로 알려졌다. 등
산 붐과 스키 붐의 영향을 받아 시라우마

연봉에 다수의 스키장이 탄생했다. 시라우마촌은 이들 스키장 외에도 나
가노(長野)올림픽 때 설치된 시라우마 스키점프 경기장과 시라우마 하치
만 온천 등 한번 가보고 싶은 곳이 많다.

호수의 수면에 시라우마연봉이 나타나는 신비한 호수 하치호(八方)도 이 지역의 명물이다. 해발고도 약 2,060m인 이 호수는 가을에는 색색의 단풍잎, 여름에는 잔설의 하얀 경치를 볼 수 있다. 하치호에 있는 곤돌라 리프트를 이용해서 약 1,830m까지 올라간다. 등산로가 잘 정비되어 있어 초보자라도 안심하고 등산할 수 있다.

GCF로 글로벌 인재 육성

시라우마촌은 거번먼트 크라우드 펀딩(GCF)으로 글로벌 인재를 육성한다. 1998년 나가노올림픽 후 세계적인 동계 리조트라는 지위를 얻은 시라우마촌은 2010년부터 인구감소에 의한 학생 수 감소로 촌 내 유일의 현립 고교가 폐교 위기로 전락했다. 그러나 이 지역은 전 세계에 자랑하는 자원인 북알프스가 있고 정주 외국인의 지역으로 유명하다. 그래서 전국에서 모인 학생들에게 인기 있는 국제관광과를 시라우마 고등학교에 신설하고 수준 높은 인재의 양성을 위해 GCF형의 고향납세를 시작했다. CGF형 고향납세는 지방자치단체의 과제 해결에 기부자의 의사를 반영할 수가 있어서 그 활용 폭이 넓어지고 있다.

고향납세로 고등학교 학생 수 증가

시라우마촌은 고향납세로 폐교 위기의 고등학교 학생 수를 50인 이상 늘리는 데 성공했다. 2017년 9월 19일부터 2018년 3월 31일까지 실시한 GCF는 고향납세 사이트에서 400만 엔 이상을 모집했다. 2016년에는 수험 지도를 하는 공영기숙사, 전국에서 학생을 받아들이는 교육기숙사 건설 등의 비용을 충당했으며, 2017년에는 학생들의 유학 지원 비용으로 사용했다. 시라우마촌은 GCF를 계기로 현 외 출신자를 포함한 입학자 수가 증가 경향으로 바뀌어 2014년에 150명 이하였던 학생 수가 수년 만에 200명을 넘었다. 2017년부터는 매년 20명의 학생을 뉴질랜드에 유학시키고 있다.

대부분 지역의 고향납세 사례는 기부에 대한 답례품을 보내면 관계성이 종료되고 만다. 그러나 시라우마촌은 답례품 발송을 관계성의 시작으로 보고 GCF의 추진을 SNS 등으로 공유하여, 기부자에게 포인트를 부여한 후 지역을 방문하면 무료 숙박권을 제공하는 등 다음 단계의 관계성을 만들어 나간다. '기부액 증가'에 목표를 두는 이전의 고향납세에서 탈피하여 지방자치단체의 '동조자 확보'로 전환한 것이다. 이렇게 함으로써 기부자와 지방자치단체가 상호 플러스 관계를 가질 수 있다고 본다.

고향납세가 동조자 확보와 장기적인 보약으로 작용하도록

고향납세의 목적을 지방자치단체의 고객 확보로 보는 교류 촉진 형태는 고향납세의 한 단계 발전된 형태이며, 관계인구와 동조자 확보라는 명확한 비전을 제시하는 방법이 될 것으로 보고 있다. 그래서 이 제도를 단순한 단방약으로 보기보다는 장기적인 보약의 효과를 기대하고 전략을 수립해야 한다. 대부분의 지역에서 고향납세에 대한 답례품 발송으로 관계성이 완성되는 것으로 보는데 지금부터는 이를 시작으로 보고 새로운 아이템을 적극적으로 발굴해야 한다.

야마가타현 가네야마읍의
고향납세

　가네야마(金山)읍은 야마가타현 내륙의
북부에 위치한 인구 5천 명의 소도시로 관
내에 은(銀) 광산이 있어서 가네야마라는
명칭이 붙었다. 1878년 영국인 여행가 이
사벨버드가 이 읍을 방문하고 로맨틱한 분
위기의 장소라고 하여 유명해졌다. 지금
도 자연 풍경이 아름다운 거리를 가지고
있어서 '경관 만들기 100년 운동'을 전개하고 있다.

　500여 년 전 에도시대에는 동경을 왕래하는 영주들의 숙박 장소로 발
전했다. 그래서 고풍스러운 건물이 옛 모습 그대로 보존되어 있다. 벽은

모두 흰색이고 지붕은 흑색인 가네야마 주택이 잘 알려져 있다.

읍은 산림의 보존과 지역 산업의 진흥, 인간과 자연이 공생하는 '경관 만들기 100년 운동'을 추진하고 있다. 이를 실행하기 위해 농산촌 경관 조례를 제정하여 주민 교류 사랑방을 만들었고 전통문화를 보존하기 위해 전력을 기울이고 있다. 2010년에는 국토교통성의 도시경관대상을 수상했다.

도시경관대상 수상

가네야마읍의 70%가 삼나무 숲으로 둘러싸여 있다. 큰 바위들로 만들어진 농업용수로에는 금붕어를 방류하는 등 경관 보존을 위해 주민 모두가 협력하고 있다.

인구는 연간 150명씩 감소하고 있으며, 감소율은 15%로 현 내에서 인구감소율이 가장 높은 지역이다. 오랫동안 지방에서 도시로 인구 유출이 계속되고 있으나 지방과 도시의 격차를 시정하기 위해 시행된 고향납세제도를 적극 활용하고 있다.

고향납세의 동기를 조사해 보면 답례품을 목적으로 하는 비율이 67%로 가장 높다. 기부자의 이익을 추구하는 목적이 대부분이고 지방 응원, 기부처 지역 응원, 공감하는 사용처를 지원하는 것은 극소수이다.

일본 총무성은 고향납세제도에 3가지 의미가 있다고 발표했다. 첫 번째는 납세자의 선택이다. 세금은 국민의 의무로 강제적 징수라는 특성을 가지고 있으나 고향납세는 납세 대상을 납세자가 선택할 수 있다는 점이 특징이다. 기부하는 지방자치단체나 사용처를 선택함으로써 납세의 중요성을 자각하는 소중한 기회가 된다.

두 번째는 고향의 소중함이다. 많은 사람이 출신지나 개인적 관계가 있는 지역을 응원하고 싶어 한다. 기부를 통해 고향을 생각하고 지방자치단체를 응원하는 소중한 기회가 될 수 있다.

세 번째는 자치의식의 향상이다. 전국의 지방자치단체는 고향납세를 통해서 혜택을 보기 위해 지역의 매력을 발산할 필요가 있다. 기부를 받을 수 있는 지역을 만들고 지역의 메리트를 홍보할 필요성을 느끼게 된다. 일본 총무처의 발표를 보면 납세자가 기부하면서 기부금의 사용처를 선택할 수 있는 지방자치단체가 97%이다. 크라우드 펀딩 형태의 고향납세는 현재 16%이지만 점진적으로 늘고 있는 경향이다.

크라우드 펀딩으로 인재 디자인학교 개교

가네야마읍에서는 '가네야마 인재 디자인학교'의 개교 비용을 마련하기 위해 크라우드 펀딩에 의한 기부금을 모집했다.

고향납세제도는 시정해야 할 점도 있으나 주민, 기부한 납세자, 행정의 의견이 각각 반영되어 활용되고 있다는 것은 지방자치단체 입장에서 매우 유익한 제도이다. 그중에서도 크라우드 펀딩을 활용한 고향납세는 창설 당시의 이상형이면서 점진적으로 진화한 형태로 보고 있다.

고향납세 창설 당시의 이념인 '고향을 위해 도움을 주고 싶다'는 납세자의 메시지와 그 뜻에 의거하여 기부된 소중한 자금이 고향의 발전에 도움이 되는 모습을 가시적으로 보여주어야 한다. 또한 지자체는 예산 확보만이 아니고, 기부를 통해서 외부 사람이 지역에 관심을 가질 수 있는 관계성을 만드는 것이 매우 중요하다. 교류인구, 관계인구, 고객, 후원자 등 다양한 사람과의 관계가 성립되는 것은 지역에 활력을 주는 일임에 틀림없다. 외부의 인재(人材)를 '인재(人財, 재산)'와 '인재(人劑, 약)'로 전환해 활용함으로써 지역사회의 발전으로 연결될 것으로 본다. 가네야마읍의 고향납세 답례품으로는 산에서 흘러내려오는 청류에서 재배한 쌀과 야마가타현 소고기가 인기가 있다.

아카시시의 어린이 보육정책과 인구증가

효고현 아카시(明石)시의 이즈미 후사호 (泉房穗) 시장은 2011년 시장으로 당선되어 5개의 무료화 시책과 고령자·장애자의 복지를 향상시켰다. 시의 인구·출생자 수·세수 및 기금 증가로 지역경제의 선순환을 실현하고 10년 연속 인구증가를 시킨 유명한 행정가로 알려져 있다. 아카시시의 2023년 인구는 30만 명으로 매월 83명씩 증가한다.

5개의 무료화는 다음과 같다.

1) 18세까지 의료비와 약 구입 등의 전면 무료화와 시외 병원비도 무

료화, 2) 보육료는 자녀 2명 이후 현재 연령에 관계없이 전원 무료, 3) 기저귀와 우유는 만 1세가 될 때까지 집에 직접 배달, 4) 중학교 급식비 무료, 5) 공공시설의 놀이터는 부모와 어린이 모두 무료로 했다.

여기에 투입되는 비용으로 연간 33억 엔이 필요하다. 아카시시의 어린이 관련 예산은 이즈미 씨가 시장이 되기 전까지는 128억 엔이었으나 이를 2배로 늘려 258억 엔까지 증액시켰다. 전입자는 30세 전후의 가정으로 초등학교 입학 전의 어린이가 있는 세대 중심이고, 인구증가는 10년 연속 이루어지고 있다. 일본 전국 60개 중핵도시 중에서 일등이다.

어린이 보육 예산 증가가 지역 발전으로 이어져

이즈미 시장은 변호사와 사회복지사로 일하면서 어린이 빈곤이나 학대를 중지시켜야 한다는 신념이 있었다. 시장이 되어서 어린이를 중요시하는 정책을 중점적으로 시행했다. 정책은 재원이 중요한데 시장은 경제를 활성화하여 재원을 만드는 경영자의 시점이 필요하다고 생각했다. 경제를 활성화하는 데는 두 종류가 있는데, 사업자나 기업을 지원해서 경제를 활성화하는 방법과 시민을 지원해서 돈을 사용하게 하는 방법이 있다. 그는 후자를 택했다고 한다.

어린이 보육 가정은 교육비가 많이 든다. 교육비를 시가 지원하면 가처분소득이 늘어서 지역경제가 활성화 되고 세수와 재원이 창출된다. 이제까지 임기 8년 간 세수가 32억 엔 늘어서 선순환 되어 아카시시의 보육 정책이 튼튼하게 되었다. 시의 인구가 증가하면서 건축업도 살아났고 상점가와 건설업이 활성화 되었다. 정치인들은 이제까지 어린이 보육 예산을 늘리면 선거에서 불리하다는 생각을 버리게 되었다.

돌아가고 싶은 고향으로 1등을 차지하다

과거 아카시시는 고교 졸업 후 18세에서 25세까지 인구의 전출이 급격히 늘었었다. 그러나 이제 아카시시에서 자녀가 탄생하면 보육료, 의료비가 완전 무료라는 사실이 알려지면서 많은 사람이 다시 고향으로 돌아왔다. 외지에서 아카시시 출신인 30세 전후의 가정이 3~4명의 가족이 되어 다시 고향으로 돌아옴으로써 인구가 증가했다. 2020년 일본 정부가 시행하는 '돌아가고 싶은 고향' 사업에서 1등을 했다. 이런 지방 행정의 성공을 보고 모든 시민이 '이즈미 시장은 모든 주민들의 시장'이라고 스스럼없이 말한다.

저출산은 한 국가 최대의 중차대한 사건이다. 이는 OECD 38개 국가 중 가장 빨리 저출산이 진행된 우리나라를 보면 알 수 있다. 우리나라의 정부 통계에 의하면 2022년 출생률은 0.70명인데, 일본은 1.40명으로 우리보다 거의 두 배가 높다. 신생아 수도 한국은 1년에 24만 명이고 일본은 81만 명이다. 이대로 가면 한국은 2100년에 총인구가 절반으로 감소된다는 예측이 있다. 한국의 여성, 특히 서울에 사는 여성은 일본의 여성보다 소득이 높고 자립생활이 가능하다. 결혼을 하지 않아도 살아갈 수 있고 출산하지 않는 것이 직장에서 승진도 하고 오히려 편하다는 생각이다.

2006년 한국의 인구감소에 대해서 옥스퍼드대학의 데이비드 콜먼은 '한국은 세계에서 가장 먼저 지구에서 소멸하는 국가'가 될 것이라고 예측했다. 인구가 감소하면 경제가 쇠퇴할 뿐만 아니라 전기, 가스, 수도,

교통 등 사회 인프라가 붕괴되고 국방이나 치안 유지가 불가능해져 국가로서 존속할 수 없게 될 우려가 있다.

2023년 일본의 기시다 수상은 '이차원(異次元)의 소자화 대책'을 발표했다. 이차원은 새로운 차원, 기존과는 다른 대담한 차원이라는 뜻을 가진다. 그 내용은 아동수당 지원 강화(중학생 1인당 1만 5천 엔, 약 15만 원), 보육사 처우 개선과 산전·산후조리 지원, 유아교육 보육 지원, 근무 환경 개선을 중점적으로 한 정책이다.

최근 추가 시책으로 호적이 없는 어린이는 시가 책임을 지고 양육하며, 무료급식이 가능한 어린이 식당도 초등학교마다 운영한다. 이를 위한 국가 예산도 증액해 연 3조 엔(약 30조 원)을 마련하기로 했다.

어린이의 미래는 국가의 미래

사람은 모두 성장하고 늙어 간다. 언젠가 어린이들이 지역의 미래를 담당할 것이다. 어린이를 후원하는 것은 바로 우리들 자신의 미래를 후원하는 것이 된다. 자기 지역의 생활을 계속할 수 있는 사회가 되기 위해 미래를 담당하는 어린이를 지금의 우리 모두가 후원해야 한다. 우리의 세금으로 모든 어린이를 후원하는 것은 당연한 정책이다. 어린이 후원 보육 지원정책은 국민 모두에게 필요한 정책이고 우리들 모두의 후손을 위한 미래의 시책이다.

시청 재정담당자는 이즈미 시장의 5개 무료화 시책에 대해 , 아카시시는 재정이 적자고 기금이 점점 감소하고 있어 현 시점에서 70억 엔이 남아 있는데, 40억 엔 이하로 내려가지 않도록 해야 한다면서 이즈미 시장의 행정 방향을 반대했다. 시민들도 노인을 천대하고 어린이만 생각하며 투자한다는 비난을 했다. 이즈미가 시장이 되면 지역경제가 파탄난다는 둥 이즈미 시장의 행정 개혁을 반대하는 의견도 속출했다.

그러나 취임 후 2년이 되어 매년 1,000명씩 감소해 온 인구가 증가세로 전환되었다. 인구가 증가하면서 아파트 건축 붐이 일어나자 시정에 반대했던 건설업계도 활기를 되찾게 되었다.

일부 상인들이 세금으로 상점가를 리모델링해서 현대적인 아케이드 상점가를 만들어 지역경제를 활성화하자는 주장도 있었다. 시장은 건축경기를 활성화해도 돈이 돌아가지 않으면 아무 효과도 없다고 생각했다. 이즈미 시장은 시민이 사용하는 돈을 증가시키면 상점도 활성화 된다고 끊임없이 주장해왔고 이를 실천해서 결국 성공시켰다.

여기에 기시다 수상은 어린이 예산을 2배 증대하고 중학생 한 명당 1만 5천 엔(15만 원)을 지급하는 새로운 차원의 어린이 대책을 발표했다. 도쿄의 중심지에 있는 동경중앙농협은 조합원의 85%가 준조합원이며, 어린이에게 식사를 무상으로 제공하는 어린이 식당에 신선한 농산물 식자재를 제공한다. 이바라키현에 있는 북쓰쿠바농협은 젊은 부부의 출산과 보육을 돕기 위해 어린이 보육센터를 운영한다.

행정 예산 투자는 어린이가 먼저

예산 투자는 '기업'이 아니고 '어린이'에서 먼저 출발해야 한다. '어린이 정책'은 가장 효율적인 '경제정책'이다. 어린이를 열심히 응원하면 시민들 사이에서 화폐가 순환하기 시작한다. 그러면 사람들도 모여든다.

어린이에게 살기 좋은 환경은 모든 사람에게 살기 좋은 지역이 된다. 어린이는 지역의 장래를 담당하고 결과적으로 모든 지역 주민을 담당해 준다. 어린이에게 하는 투자로 주민 모두가 살기 좋은 지역사회가 된다는 사실을 모두가 이해하게 되었다.

2016년 자기 고향을 사랑하는 사람들이 모여 지역 특산품도 널리 알리고 지역의 브랜드력을 높이기 위한 축제에서 아카시시가 1등을 했다. 이를 계기로 일본에서 가장 '가보고 싶고, 살고 싶고, 후원하고 싶은 곳'으로 전국에 알려졌다.

아카시시는 인구가 증가하면서 출생 수와 세수입이 폭증해서 중핵(中核)도시로 지정되었다. 중핵도시는 법정인구 20만 이상의 시에 도(道)의 사무권한 일부를 이양하는 대도시 제도이다.

2023년 현재 아카시시의 인구는 30만 명이며 한 해에 421명이 증가했다. 고령화율 26.1%(전국 평균 28.2%), 어린이 비율 13.1%(전국 평균 12.1%)로 어느 지역보다도 건전하게 발전해 갈 것으로 평가된다.

아키시시는 준경식 야구볼 12개를 고향납세 3만 8천 엔, 성인용 기저귀 12개 한 박스를 고향납세 1만 5천 엔에 대한 답례품으로 배달한다. 2021년에는 기부 1만 9천 건에 5억 엔을 고향납세로 모금했다. 고향납세로 받은 소중한 재원은 살기 좋은 지역으로 만들기 위한 재원으로 활용하고 있다.

히로시마현 기타히로시마읍의 고향납세

2005년 농협 현직을 그만두고 나서 히로시마에 있는 슈도(修道)대학에서 객원연구원 자격으로 1년간 근무한 적이 있다. 그때 히로시마의 농협 직원 등 10여 명과 함께 한일농업농촌연구회라는 NPO기구를 만들어 히로시마시에 등록하고 한국과 일본의 농촌 시찰 등 모임을 계속해 왔다.

2023년 2월, 그 모임의 초청으로 히로시마를 방문하고 그분들의 안내로 기타히로시마읍의 고향납세의 현황을 견학할 수 있었다.

기타히로시마읍은 80%가 임야이고 자연과 산림이 울창하며 가구라

(神樂)라는 향토예능과 도작(稻作) 문화가 남아있는 곳이다. 인구는 1만 7천명으로 농업이 주산업이다. 가구라는 밤에 공연하는 연극인데 밤을 세워가며 술을 마시면서 연극을 관람하는 풍습이 있다. 연극의 줄거리는 한반도의 신라군과 싸우는 것을 희극화한 것이다.

이 읍의 읍장 미노 히로시(箕野博司) 씨는 히로시마농협 직원 출신으로 일본 지인들과 친분이 있어서, 방문한 날이 일요일인데도 읍장이 직접 사무실에 나와 우리 일행을 만나서 자세히 설명해 주었다.

기타히로시마읍은 지역경제 활성화를 목적으로 '하나에르'라는 주식회사를 설립했다. 이 회사를 통해 지역 과제를 해결하고 지역 산업의 고부가가치화, 외화 획득과 지역경제의 순환, 지역 내의 고용 확대 등을 통해 미래가 보장되고 지속가능한 지역사회를 만들겠다는 목적이다. 이 조직을 통해 관광DMO(관광자원을 활용한 지역경제 활성화 전담기구), 스포츠 커미션(스포츠를 통한 지역경제 활성화 조직), 지역상사의 기능을 수행하고 지역자원을 발굴하며 지역 내 경제의 순환을 추진하여 지역경제의 활성화를 달성하기로 했다. 우선 고향납세를 중심으로 재정력을 확보하고 3년 후에는 자립경제를 이루겠다는 목표를 설정했다.

기타히로시마읍의 고향납세 기부금 추이를 보면 2008년부터 2020년까지 60만 엔에서 3천 9백만 엔으로 서서히 성장하다가 2021년부터 1억 3천만 엔으로 급성장했다. 이는 관내의 기업이 생산한 전기제품과 고급침대 등이 인기가 있어서 이들 공산품이 고향납세의 답례품으로 제공되었기 때문이다.

협동의 지역사회 구현

기타히로시마읍 미노 읍장은 '협동의 지역사회 만들기'를 기본 방침으로 행정을 추진했으나 인구감소와 출산율 감소가 계속되고 재원과 직원 수도 줄어가는 등 행정의 힘만으로는 불가능하다고 판단하여 2017년 2월 지역발전기본방향조례를 제정, 발표했다. 이 조례에 근거하여 행정과 주민이 함께 협동해 지역경제를 발전시키기로 했다.

지역경제 활성화를 위해 가장 중요한 것은 인재 양성이라고 판단하고 기본 조례에서는 학력과 지식을 폭넓게 가지고 있는 인재 확보와 육성을 중점적으로 추진하기로 했다. 주민의 건강수명을 연장하기 위해 고령자를 중심으로 주 2회 공회당에 모여 '건강 만들기 체조' 운동도 실시했다. 처음 시작은 외부 강사가 담당하지만 참가자 중 적당한 인재를 양성해 자주적으로 운영되고 있다. 현재 61개 지역에서 건강 체조를 실시하고 있어서 농촌 지역 주민의 건강수명 연장에 큰 도움이 되고 있다.

에너지 신토불이 실현

2022년에는 '제로 탄소 지역 선언'을 하고 탈탄소화를 적극적으로 추진하고 있다. 전력과 에너지 자급에 의한 지역경제 발전과 산림의 재생 등 다음 세대에게 밝은 미래를 남겨주기 위해서다. 전기요금으로 133억 엔(약 1330억 원)이 지역 밖으로 유출되므로 산림이나 물, 태양광 등 지역 내의 자연자원을 이용해 전력을 생산하기로 했다. 자연자원을 활용해서 에너지 자급률을 높이고 지역 내 경제의 순환을 높여서 지속가능한 지역사회를 만들기로 했다. 이의 일환으로 지역 에너지 회사 설립을 위한 검토 작업도 착수해서 이것이 순조롭게 진행되면 2024년에는 지역에너지 회사도 설립할 계획이다. 즉, 에너지 신토불이를 실천할 계획이다.

기타히로시마읍은 지구촌 대변혁의 시기에 낙오자가 되지 않기 위해 고향납세제도를 활용해서 농산촌의 에너지 문제와 환경 문제 등 지역의 다양한 과제를 해결해 나가고 있는 점이 돋보인다.

오오야마농협의 유토피아 만들기
-<진격의 거인> 만화도 인기

유후인 미술품 전시회 준비를 위해 2023년 1월 후쿠오카공항에 도착하니 야하다 세이고(矢羽田正豪) 오오야마농협 조합장이 마중 나와 있었다. 그의 차에 동승해서 히타(日田)시에 도착, 비즈니스호텔에서 1박했다. 호텔의 로비 한쪽에 〈진격의 거인〉 인형과 조형물이 가득했다. 미지의 거

인을 소재로 한 일본의 유명한 만화작가 이사야마 하지메(諫山創)가 오오야마농협 조합원의 아들이라고 한다. 1868년 명치유신의 지도자를 양성한 히로세단소(広瀬淡窓)가 창업한 교육기관인 숙(塾)도 여기에 있다.

일본에서 가장 가난한 마을로 알려진 이 지역은 1960년대 "매실 밤 심고 하와이로 여행 가자"를 캐치프레이즈로 농가 소득을 올렸고, 이후에도 속속 신규 사업을 개발해서 풍요로운 농촌으로 거듭났다. 오이타현 히타시의 오이타 오오야마농협은 독자노선으로 소량 생산, 다품목 재배를 통해 고부가가치 산품을 일궈냈다. 야하다세이고 조합장의 장래 꿈은 조부모, 손자 3세대가 함께 사는 유토피아를 만드는 것이다.

연간 18만 명이 방문하는 농가 식당

"인터넷을 보고 후쿠오카에서 왔어요. 매우 정겨운 식당이네요.", "사가현에서 왔습니다. 산속의 자연과 함께하는 식사는 기분이 좋아요." 히타시 오야마읍을 흐르는 천변에 있는 농협 직판장 '고노하나 가르텐'에 병설된 농가 레스토랑은 농가의 '아줌마'들이 셰프를 맡고, 채소를 중심으로 80여 종의 음식이 즐비한 뷔페 형식으로 연간 18만여 명의 관광객이 찾는다. 코로나19 사태 때도 흑자를 유지했다. 이 가게를 찾은 2월 초순에는 평일임에도 불구하고 매장 내 155석이 만석이었다. "개점 전에 50명 이상 줄을 서는 일도 드물지 않습니다"라고 야하다 조합장은 말한다.

"매실 밤 심어서 하와이 가자" 이후 10년에 하나씩 신규 사업 개발

"일본에서 제일 가난한 마을이었다"라고 야하다 조합장이 말하는 옛 오오야마읍은, 농협의 조합원 호수가 약 600호, 호당 경지 면적은 40a (1,200평)의 경작 조건이 어려운 지역이었지만, 60년대 "매실 밤 심어 하와이 가자"를 캐치프레이즈로 걸고, 수익성 높은 매실이나 밤의 생산으로 크게 방향을 바꾸어 농가 소득의 향상을 이루었다. 조합원들은 농협에서 해외여행 경비를 무이자로 대출 받고, 매실과 밤을 팔아 그 수익으로 갚는 방식을 통해 적극 해외에 나가 견문을 넓혔다. 단순한 볼거리 여행이 아니라, 해외에서 접하는 식사와 문화에 충격을 받아 조합원들의 의식을 높이고 다음 세대의 교육으로 연결하는 체험학습이었다.

이 농협은 매실밤 운동 이후에도 거의 10년에 한 번씩 신규 사업을 계속 내놓고 있다. 소량 생산, 다품목 재배, 고부가가치 제품의 주년 재배를 추구했다. 1972년에 시메지 등 버섯 재배에 착수했고, 1975년 식품가공공장을 설립했으며 1978년 인근 히타시 낙농가와 협력해 연간 1500t의 퇴비를 생산하는 공장을 건설했다. 1990년 농산물직판장인 '고노하나 가르텐'의 개점과 함께 2001년 농가식당을 열었고, 2015년에는 30ha에 매화, 벚꽃 등 사계절 피는 450종 3만 6천 그루의 나무를 심은 '이쓰마히메'라는 농업테마공원을 오픈했다.

소량이라도 인수하는 체제를 통해 농가의 안심을 꾀한다

독자 노선을 걷는 오이타 오오야마농협은 인접 농협과의 합병은 있을 수 없다고 선언했다. 합병하면 소량 다품목의 작물 등을 취급하지 않게 되기 때문이다. 이 농협에서는 농민이 생산한 농산물을 전량 농협에 위탁 판매한다. 소량이라도 받아주는 체제는 농가 입장에서 안심할 수 있고 든든하다고 생각한다.

직매소 개설을 계기로 본격적인 채소 만들기에 임해, 사계절 내내 거의 매일 출하하고 있는 야노 사토루(矢野悟) 씨는 "소규모 생산량이라도 농협이 인수해 주는 것이 가장 큰 매력입니다"라고 말한다.

해외의 체험학습에서 문득 떠오른 허브

매실밤 운동에서 비롯된 체험학습은 다음 세대에서도 결실을 보고 있다. 아버지로부터 농업을 물려받은 가와즈 유이치(河津祐一) 씨가 허브 재배를 시작한 것은 약 40년 전이다. 계기는 1984년 농협과 마을이 매년 실시하는 이스라엘 키부츠 연수 참가였다. 연수 후 서구를 돌며 당시 일본에는 거의 없었던 신선한 허브를 만져보고, 그 매력에 이끌려 귀국 후 독학으로 허브 재배를 배웠다. 조금씩 규모를 넓혀 현재 동경과 오사카 지역으로 연간 15만 팩을 출하하고 있다.

가와즈 씨는 적은 양이라도 전부 농협이 판매해주니 안심하고 도전할 수 있었다고 말했다. 지금은 이 농협 영농지도원으로서 후진 허브 농가의 지도에 전념하고 있다. 그는 "다른 농가에 기술을 가르쳐 주지 않는 지역도 많다고 생각합니다만, 모두에게 가르치면서 임하는 것이 오오야마의 방식입니다. 그렇게 하지 않으면 안 되었던 지역이었고요"라고 말한다.

매실 만들기 명인 일가 – 후계자도 계속 자란다

후계자도 자라고 있다. 니시오야마 지구의 '모리우메엔(森梅園) 농원'의 모리(森) 아유미 씨는 매실 만들기 명인 아버지, 전국 우메보시 경연대회에서 최고상을 수상한 어머니와 함께 매실원을 운영하고 있다. 오리지널 품종을 포함해 기르고 있는 매실은 8품종으로 약 1,000그루를 재배한다. 아버지가 매실을 기르고, 어머니가 매실 장아찌로 가공하며, 아유미 씨가 패키지 만들기 등 상품화나 판매를 담당하고 있다. 영업으로 밖에 나갈 기회도 많은 아유미 씨는 새삼스럽게 '오오야마'의 네임 밸류를 피부로 느낀다고 한다.

직판장 등에서 판매해도 오오야마의 매화라고 하면 손님들이 눈을 번쩍 뜬다고 한다. 바로 이것이 선조들이 쌓아올린 재산이라는 생각이다. 그 매력에 이끌려 오오야마로 이주해 농사를 시작하는 젊은이도 나오기 시작했다. 아유미 씨는 "동료를 더욱 늘려 예전의 활기를 다시 만들어 지역경제를 활성화하고 싶습니다"라고 말한다.

하지만 모든 일에 순풍만 부는 것은 아니다. 1970년대에 시작된 팽나무버섯 생산으로 현재 팽나무버섯생산자 부회장을 맡고 있는 쿠보 마사노리(窪眞範) 씨에 의하면, 손이 많이 가는 팽나무버섯 재배는 고령화에 따라 휴일을 갖기 어려운 것 등의 환경 변화로 생산자 감소 경향이 있다고 한다. 부모로부터 물려받은 쿠보 씨 자신은 연간 300일 정도 출하 작업을 하는 바쁜 나날을 보낸다. "매실과 채소가 있고 팽나무버섯이 있는 게 다른 농촌 지역에는 없는 오오야마의 강점이라고 생각합니다"라고 말한다. 그는 자부심을 가지고 팽나무버섯 생산에 매진하는 것이 자랑이다.

연금플러스 월급으로 고령자가 안심할 수 있는 문산농장

2020년에 또 하나의 새로운 사업을 시작했다. 두 마을에 수익성이 높은 크레송(향신료) 등을 재배하는 하우스와 가공공장을 갖춘 문산(文産)농장을 설치한 것이다. 문산농장은 농촌형 일자리 사업이다. 지역 어르신들을 고용해 연금플러스 급여로 안심 가능한 노후를 보낼 수 있도록 정비했다. 원칙적으로 노인들의 작업은 오전에만 가능하고 작업장 안쪽에서 이야기하며 즐기는 휴게시설도 있어 작업 후에는 편안하고 즐거운 휴식처가 된다.

실제로는 수입보다 사람과의 교류를 위해 다니는 고령자가 많은 것 같다. 개설할 때부터 일하고 있는 카와즈 쿠미코(河津久美子) 씨는 "연금 생활을 하고 있지만, 사람과 만날 수 있는 것이 즐거워서 왔다. 하루하루 매우 즐겁게 지내고 있다"라고 이야기한다. 후지와라 토미카(藤原富美香) 씨는 "작업을 낮에만 하는 것도 매력입니다. 즐겁고 수입이 늘어나 손자 축하금 등에 사용할 수 있어 감사합니다"라고 이야기한다. 농협에서는 이를 확장해서 관내 36개 마을 모두에 문산농장 설치를 목표로 하고 있다.

유후인 전시회 개최 준비를 위해 가는 도중에 들른 문산농장에 오이타(大分)현 요시다(吉田一生) 부지사 일행이 견학하고 있어서 인사를 나눈 뒤 함께 견학했다. 그 후 요시다는 유후인 전시장에 두 차례 와서 작품을 관람하고 관심을 나타냈다. 수행한 가와노(河野圭史) 국장에게 고향납세제도 견학 협력 요청을 했더니 관내 지역의 고향납세 특징 등 사례 자료를 보내 주었다.

편의점과 농협의 제휴

'미니스톱'이라는 전국 체인의 편의점과 제휴해서 오오야마의 산간 농촌 2개 지역에 새로운 스타일의 편의점을 개점했다. 이 편의점에는 절반은 기존 방식의 공산품을, 나머지에는 지역의 농산물과 도시락 등 간편식을 진열한다. 간편식은 지역 농협의 식품 가공공장에서 농협 직원들이 생산한다. 농촌 지역의 고령화로 한 가정에 노인 홀로 또는 부부가 사는 가정이 대부분이라 밥상을 스스로 만들기는 어려우므로 대부분의 노인 가구는 농협의 미니스톱에서 식사를 구입해 끼니를 해결한다.

외수 사업과 내수 사업

야하다 조합장은 농협의 사업에 대해 농협 조직은 농산품 직판이나 식품 가공공장, 레스토랑, 농업공원 사업 등의 외수 사업(지역 밖에서 벌어들이는 사업)으로 조합원의 소득을 향상해야 한다며, 금융이나 공제 등과 같은 내수 사업(지역 내에서 벌어들이는 사업)으로 수익을 내서는 안 된다고 일관되게 주장해 왔다. 직원에게 주는 월급은 농가가 아침부터 밤까지 일해 번 돈의 일부다. 그는 "농가가 먼저다"라고 기회가 있을 때마다 이야기한다.

또 농촌은 보물의 산이라고 강조한다. 예를 들어 매실 가지치기로 버려졌던 부분이 최근에는 결혼식 등 테이블을 장식하는 '꽃다발'로 상품화되었고, 현재 고수익을 가져다주는 크레송도 사실 지역 강가에 자생하고 있었던 것을 상품화한 것이다. 숨겨진 농촌의 보물을 어떻게 신속하게 알아채느냐가 성공의 갈림길이다. 모두가 이를 의식해가며 보물을 발굴하고 찾아 나가면 농촌은 틀림없이 풍요로워질 것이라고 말한다. 또 1970년대 퇴비공장을 정비해 일찌감치 유기농업을 실천해 오면서 전국 산지를 강타하고 있는 자재 급등의 영향도 거의 받지 않고 운영되고 있다. 이것도 조상들이 추진해 온 것으로 감사하게 생각한다고 말한다.

앞으로 "어떤 농촌 만들기를 목표로 할 것인가"라는 질문을 하자 야하다 조합장은 "전통적인 일본 농촌 가정을 되찾고 싶다"고 말한다. 할아버지, 아버지, 손자 3세대가 함께 살 수 있는 농가로 구성된 전통적인 마을을 유지 보전하는 것이 그의 꿈이다. 옛날 일본의 장점은 할아버지나 할머니가 손자를 돌봐왔다는 것이다. 어디에도 없는 일본만의 농촌 유토피아를 만드는 게 그의 꿈이다.

사용처 지정이 가능한 고향납세

히타시는 고향납세를 시민 협동 사업, 복지 부문, 산업 진흥, 생활 기반 정비, 교육, 환경 개선, 시장에 위임 7개 부문 사용처를 지정해서 모금한다. 시민 협동 사업은 마을까지 지정할 수도 있다. 히타시의 고향납세 기부금은 일본지자체 1,600개 중 432위이고 2021년에 5억 엔의 기부금을 수령했다. 가장 인기 있는 답례품은 건조 꽃잎을 넣은 잠자리 전등 제품이다. 두 번째 인기 답례품은 〈진격의 거인〉 만화가 들어간 매실주다.

오이타현 다케타시의 고향납세

다케타(竹田)시는 역사적인 로망과 대자연의 아름다움을 간직한 곳이며 그린투어리즘의 선진지로도 유명하다. 오이타현 남서부에 위치하고 규슈연산, 아소외륜산에 둘러싸인 지역이다. 하천은 오노가와의 원류가 되고 자연이 풍요로운 지역이다. 이런 자연 환경에서 자연수가 유명한 명수 지역으로 알려졌다.

다케타시는 이렇게 고향납세를 사용한다고 도시인에 호소한다.

1) 자연 역사 문화 – 고향의 자연 환경, 역사적 환경, 문화 환경의 보전

을 위한 사업에 사용한다. 고향 다케타의 풍요로운 자연과 공생하면서 역사가 있는 거리를 미래에도 유지하기 위한 시책과 새로운 문화를 창조하기 위해 사용한다. 고성(古城) 유적 관리 사업과 역사문화관 특별 전시 사업 등에 투입되어 지역문화 보전에 중요한 역할을 하고 있다.

2) 인재 육성 – 역사와 문화를 보존하고 고향의 미래를 담당할 다양한 인재 육성을 위해 사용한다. 교육 환경의 디지털화를 위해 디지털 교과서 및 교육용 PC 도입에 사용한다.

3) 이주·정주 촉진 – 고향으로 이주 정착할 수 있도록 지원하는 사업이다. 관민협동을 통해 상호 교류하는 지역을 만들고 신규 이주와 정착을 촉진하는 사업을 진행한다.

4) 어린이 보육 지원 사업 – 안심하고 생활할 수 있는 고향을 만드는 사업을 진행한다. 보건의료 서비스와 고령자를 위한 지원 확대, 장애자를 위한 지원 등 지역 복지 활동을 강화할 계획이다. 이를 위해 어린이 의료비 보조, 질병예방 접종비 보조 등을 실시한다.

다케타시에는 10개의 온천이 있는데 그중에서도 나카유(長湯) 온천은 탄산의 농도, 용출량, 온도 면에서 세계 굴지의 탄산온천으로 유명하다. 다케타 시청 인근에는 공중온천탕이 두 개소 있다. 또 다케타시는 일본 국내에서 물 100선, 향기 100선, 소리와 풍경 100선, 명성(名城) 100선 등으로 선정된 지역이라는 점을 매우 자랑스럽게 생각한다. 규슈 올레길의 종착점으로도 알려졌다.

정명회 농협조합장 일행과 2017년 8월 24일 다케타시를 방문했다.

다케타시는 인접 지역을 통합하면서 시작되었다. 인구는 통합 당시 2만 8천 명이었으나 지금은 2만 3천 명으로 5천 명이 줄었고, 65세 이상이 인구의 45%를 차지하고 있다. 그래서인지 다른 지역에서 볼 수 없는 다케타 지역 활성화 연구소를 운영하고 있다. 10여 호의 농가에 우리 일행 28명을 민박시키기 위해 그 연구소가 주관해서 민박집 주인들과 상면하고 인사하는 모임을 시청 회의실에서 개최했다. 그 장소에 부시장 등 공무원들이 직접 나와서 격려와 감사를 표하는 모습도 보았다.

시청 건물에 '10월은 건강수명 연장 추진 월-소금 3g, 채소 350g, 도보 1500보'라고 붙은 현수막이 눈에 띈다. 건강하게 살면서 수명을 연장하기 위해 식사 시 소금을 3g 줄이고 채소류를 350g 더 섭취하고 매일 1500보를 더 걸어야 한다는 이야기다. 일본은 건강수명이 76세이고 우리는 66세이므로 10년이 더 길다. 평균수명은 81세로 한일이 비슷하다. 지병이 없이 건강하게 사는 것은 국가에도 개인에게도 중요하다. 건강수명을 연장하기 위해 지방자치단체가 구체적으로 접근하는 것이 인상적이었다.

일본 정부가 운영하는 지역협력대의 일원으로 한국인 젊은 청년도 여기에 살면서 정착 여부를 탐색하고 창업을 꿈꾸고 있다고 한다.

농가 민박으로 삶의 활력을

이처럼 인구감소와 고령화로 지역경제가 활력을 잃어가고 있어서 이에 위기감을 느끼고 관민 일체가 되어 2000년부터 도농교류 사업을 시작했다. 목적은 도농교류와 관광객 방문을 통한 농가 소득 향상이다. 하지만 돈만이 목적은 아니다. 젊은 사람이나 외부에서 좀처럼 손님이 오지 않는 시골에서 농가 민박을 하니 관광객 방문 증가는 농가 입장에서 삶의 활력이 되기도 한다. 현재 10곳의 농가 민박이 운영되고 있으며 1인당 6천 엔의 비용을 받고 있다. 농가 민박은 이곳에서 농박, 농학으로 불리기도 한다. 농업, 농촌, 농민을 배운다는 의미다.

하룻밤을 민박집에서 자고 나온 조합장 일행은 산천어 요리를 맛보기도 하고 국경을 넘은 농업인의 따뜻한 정을 느꼈다고 한다. 일본인들과 친척이 된 것처럼 마음을 나누는 시간이었다고 한다. 주민은 요금 6천 엔이 중요한 게 아니라 자기들 생활에 있어 변화와 활력을 느껴서 그 이상의 가치와 인간으로서의 따뜻함을 느꼈다며 매우 즐거운 표정들이다. 농가 민박으로 유명한 아지무(安心院) 등은 약간 상업적인 모습이 보이지만 다케타는 순수하고 소박한 농가의 정을 느낄 수 있었다는 의견들이다.

지역경제 활성화를 위해 노다 료스케(野田良輔) 부시장, 시가 이쿠오(志賀郁夫) 관광과장, 고토 쇼지(後藤祥司) 관광계장, 우지타 데쓰오(氏田哲生) 임업진흥실장, 다케타시 관광협회 홍보담당 시마다 쿠미(島田久美) 등 행정과 민박집 주민 등이 총동원되어 민박객을 환영하는 모습은 어떻게 보면 관민 총동원령이 내려져 일전불사 할 것 같은 분위기다.

농촌 지도자는 자치단체 공직자가 80%

일본에서 지역 활성화나 6차 산업으로 성공한 지역은 대부분 농촌 지도자가 있다. 그 중에는 농협 직원도 있고 교수들도 있으며 연예인도 있다. 그러나 80% 이상은 그 지역 출신이고 애향심이 강한 지방자치단체

공무원들이 맡고 있는 것을 보았다. 지역 농협과 지자체가 지역 활성화를 위해 농가 소득 증대와 농업의 6차 산업화도 주도해야 한다는 생각이 든다.

오이타현 우사시의 고향납세
-아지무의 농박

우사(宇佐)시가 위치한 구니사키반도는 한가운데 후타고야마(쌍둥이산)가 있고 여기서 방사상으로 능선과 깊은 계곡이 바다까지 펼쳐진다. 이 일대의 산에는 일본 상수리나무의 22%가 자생하고 있어 일본 최대의 원목 건표고버섯 산지로 유명하다. 상수리나무는 베어내도 15년이면 다시 싹

이 트기 때문에 순환적 목재 자원의 특징을 가지고 있다. 그래서 이 지역을 일본의 아그리포레스토리(agriforestory)라고 부른다.

아그리포레스토리는 수목을 식재하고 숲속에서 가축과 농작물을 재

배하는 농림업을 말한다. 요즈음 인기가 있는 자연주의라는 생각이 든다. 이러한 자연 순환형 농림업이 높게 평가되어 세계농업유산으로 지정되었다.

벳부에서 1시간 정도 달려서 우사신궁에 도착했다. 우사신궁은 이 지역의 수호신을 모신 곳이다. 전에는 규슈 최대 장원(莊園)의 영주(領主)였다. 우사신궁은 전국에 4만 개가 있는 하치만궁(八幡宮)의 총 본궁이다. 일본 전국에 11만 개의 신사(神社) 중 하치만 신사계가 가장 많다. 모시는 신은 오진(応神)천황의 신령이며 571년에 최초로 이 지역에 나타났다고 전해진다. 오진천황은 대륙의 문화와 산업을 수입해서 새로운 국가의 토대를 건설했다고 전해진다. 오진천황 시대에 백제의 학자인 아직기, 왕인 등이 일본으로 건너온 것으로 역사서 『일본서기』에 기록되어 있다.

우사시는 보리소주 생산량 전국 1위이고 이이치코 등 다양한 소주제품이 생산되는 지역으로 유명하다. 또 분고우(豊後牛)의 고기는 내각총리대신상을 받은 소고기로 유명하다.

아지무 방식의 농가 민박으로 유명

25년 전 아지무에 있는 100년 된 도키에다(時持) 씨 집에서 농가 민박을 경험한 적이 있다. 그 후 목포 MBC의 농촌 관련 프로그램 제작을 위해 방문 숙박한 적이 있다. 그때는 할머니, 할아버지와 아들 부부 3대가 함께 사는 대가족 중심의 가정에서 옛날이야기를 들으며 농박하는 재미가 솔솔 했다.

전시회 중에 다시 아지무를 방문했다. 할머니와 할아버지는 모두 돌아가시고 아들 내외분이 변함없이 농박을 경영하고 있었다. 인사만 나누고 행정 직원의 안내로 인근의 할머니 민박집으로 갔다. 이 집은 본래 양잠을 했던 집을 개보수해서 농박을 운영하는 83세의 나카야마미야코(中山) 씨 민박집이다. 두 집은 일본 정부 농림성이 주관한 '농가 민박집 어머니 100명'으로 선정되었다.

화롯불을 사이에 두고 5~6명이 둘러앉아서 와인을 마시는데, 직접 화롯불로 구워주는 미꾸라지 안주가 일품이다. 벽에 걸린 액자에는 "모나리자의 미소로 세계를 아름답게 비추자"라는 표어가 쓰여 있다. 이 지역은 우사 지역 6개 보물의 발상지로 불린다.

아지무의 농가 민박은 하루 한 가족만 받는다. 수확 체험한 식재료를 고객과 함께 조리하면서 농촌의 식문화와 먹는 행복을 느낄 수 있도록 한다. 도시의 일반인 고객과의 교류도 늘고 농업과 관광을 포함한 지역 산업에 긍정적인 경제 효과와 농가의 부수입을 얻는 효과도 있다. 농촌 관광의 증가로 농촌 경관의 보존과 농산물 직매소의 개점 등 농촌 경제의 활성화가 기대된다.

한 번 농박하면 먼 친척

필자의 미술 전시회 소식을 듣고서 백년의 집 부부가 유후인 아트홀에 찾아와 견학하고 특산품 과자를 주고 갔다. 아지무 방식의 농가 민박은 지역의 자원을 최대한 활용해 민박 가정과 마음을 열고 교류함으로써 방문자에게 제2의 고향을 만들어 주는 것을 목적으로 한다. "한 번 농박하면 먼 친척이고, 10회 농박하면 가까운 친척"이라는 캐치프레이즈로 친척카드라는 스탬프 카드를 발행해 준다. 1박하면 한 개의 스탬프를 찍어 주고, 10개가 모이면 진짜 친척으로 대접한다. 이제까지 진짜 친척이 된 사람은 40명이다.

농박으로 채소 재배를 체험하고 수확해 본 경험이 있는 학생은 평소 채소를 싫어했으나 체험을 하고 나면 즐겨 먹는 식습관으로 변했다는 이야기도 자주 듣는다. 수차례 농박하고 나서 이사를 오는 경우도 종종 있고 농업을 2모작으로 시작하는 경우도 있다. 보통의 농업으로는 재미도 없고 계속 농업을 유지하기도 어려웠을 것인데 재배한 농산물을 농박한 사람들이 맛있다고 하는 평을 들으면 보람도 있고 재미도 있어서 농업을 계속할 수 있다고 한다.

농박집에 미술품 기증

이 지역의 상수리나무를 활용한 원목 표고버섯 재배와 복수의 저수지를 서로 연결한 용수공급 시스템은 독특한 농경문화와 경관을 유지하고 있다는 점에서 높게 평가되어 세계농업유산으로 지정되었다. 그 후 이를 보전하기 위해 고향납세를 활용하는 등 부단한 노력을 하고 있다.

아지무 농박이 계속되고 일본 농촌문화의 보전과 발전을 위하는 마음으로, 전시 중인 미술 작품 중 한국의 농촌 풍경과 황소를 그린 그림 2점을 도키에다(時枝) 농박집과 옛날이야기의 집 나카야마(中山) 집에 각각 기증했다.

2022년 우사시의 고향납세 실적은 3만 4천 건에 4억 7천 2백만 엔으로 매년 크게 증가하고 있다. 답례품으로는 보리소주, 소고기가 인기다.

기부금은 초등학교 운동기구 정비, 도서 구입, 도로변 꽃 심기, 디지털 교과서 구입 등에 사용했다. 다랭이논에서 볏단을 직립으로 쌓아 자연 건조한 쌀 2kg 포대 3개에 1만 엔으로 인기다.

구니사키시의 고향납세
-세계농업유산이 된 표고버섯 재배

코로나19가 있기 4~5년 전, 오이타(大分)현 농협이 운영하는 벳부에 위치한 농협 호텔의 가네사키 사장의 안내로 오이타현 구니사키(国東)시 관내의 표고버섯 재배농장을 방문한 적이 있다. 그때 원목 표고 재배 모습을 유화 작품으로 제작했었다. 이때의 추억을 생각하며 2023년 3월 다시  구니사키 시청을 방문하고 고향납세제도에 대한 설명을 들었다.

평소 고향이나 농촌에 관심이 없었던 사람들도 고향납세를 통해 연결고리가 생기면 이를 계기로 관심 있는 사람으로 바뀌도록 돕는 것이 기부를 받는 지자체의 역할이다. 생산자와 함께 구니사키시의 응원자를 많이 만들어 전국으로 확대해가는 것이 소멸 가능성이 있는 지자체에서 벗어나 진정한 지방창생의 길로 가는 처방전이 된다는 것이다.

구니사키반도에서는 설치미술 등 다양한 예술작품을 아름다운 자연과 함께 감상할 수 있다. 구니사키반도에는 헤이안시대부터 만들어진 절이 다수 있으며 산악 불교와 하치만(八幡) 신앙이 융합한 독자적 문화인 '육향만산문화(六鄕滿山文化)' 등 사적과 지역에 전해지는 다양한 축제가 전해오고 있다. 전국 각지에 있는 하치만신사라는 이름으로 불리는 신사 신앙의 본종이 오이타현 우사시에 있는 우사신궁(宇佐神宮)이다. 전국적으로 약 4만 개의 신사가 있다.

구니사키의 절에는 귀신(鬼神)이 있다. 귀신은 일반적으로 무서움의 상징이지만 구니사키의 귀신은 사람들에게 행복을 전해주는 것으로 알려지고 있다. 동굴에 사는 귀신은 신비스러운 법력을 가지고 있어서 귀신에 홀린 승려들에 의해 부처님과 중첩된다. 이 지역에서는 인간과 귀신이 오랫동안 친구처럼 살아오고 있다.

계단이 없는 길에 세계 각지에서 수집한 다양한 모습의 바위와 돌멩이가 환상적으로 놓여 있다. 여기에 사람들이 가지고 온 돌을 계속 쌓아서 또 하나의 작품이 만들어져 있다. 성불지구에는 다양한 돌부처상이 놓여 있다. 오이타현에 전국의 70%에 달하는 석불상이 존재한다. 현대의 마애불이라고 불리는 작품은 지역 주민이 참가한 워크숍을 통해서 제작되었다.

한국인 최정화(崔槇禾, 이미지커뮤니케이션연구소 이사장) 씨의 〈색 색 색〉이라는 작품도 있다. 언덕 위 밭에 있는 피라미드 형태의 꽃밭이다. 계절마다 꽃이 피는 다양한 표정을 표현한 조각 작품이다. 최정화 씨는 "전시장 안에 있는 작품은 고루하다. 오히려 성남 모란시장 그 자체가 예술이다"라고 말한다. 그는 미술관은 가지 않으나 유명한 건축물은 반드시 챙겨본다고 했다. 이런 설치미술 작품이 구니사키 절에 14점 설치되어 있다.

구니사키시의 고향납세 현황

구니사키시의 고향납세는 2008년 12건 90만 엔, 2021년 11만 1천 건 20억 엔으로 전국 순위는 77등이다. 이를 고향응원기금에 적립해서 기부자가 지정해준 사업에 사용한다.

구니사키시는 라쿠텐, 후루사토초이스, 후루나비 등 13개의 포털사이트를 이용해서 기부금을 모금한다. 답례품도 표고버섯, 육류, 가공식품, 채소, 생선 등 810품목에 이른다. 포도주 등 가공식품과 카보스 음료, 도미 낙지 등 생선류가 인기 품목이다. 민박 숙박권도 답례품으로 인기가 있다.

매년 신규 취농 260명

오이타현에서는 매년 260명 이상이 신규 취농하고 있고 이들을 위한 자금과 교육을 지원한다. 신규 취농자를 돕기 위한 교육연수기관도 다양하다. 현이 운영하는 농업대학교에서 자영 취농이나 농업법인으로 고용 취농을 희망하는 사람을 대상으로 채소 재배와 경영 관리 등의 지식을 교육한다.

농협과 농업공사에서도 취농학교를 운영한다. 또 기초자치단체에서도 파머스 스쿨을 운영한다. 지방자치단체의 연수코스를 이행한 연수자에게는 연간 150만 엔을 2년 동안 지원한다. 연수 후 인정 농업자에게 연 150만 엔을 지급하고 경영 개시 5년 시점에 120만 엔을 지원한다.

지방자치단체가 연수기관을 운영하기 때문에 신규 취농자의 주택 마련과 농장 마련도 용이하게 진행된다. 지역에 정착하기 위해 도시에서 구니사키시의 농촌으로 일정 기간 생활 거점을 옮겨서 지역 협력 활동을 하는 사람의 수가 그간 307명이었고, 현재는 114명이 활동 중이다.

2023년 3월 1일 구니사키시청을 다시 방문하고 유후인 아트홀에서 전시 중인 작품 중 구니사키반도의 원목 표고 재배 모습을 그린 유화작품을 나카노 시게루(中野茂) 부시장과 활력창생과장 자이젠 아키라(財前彰)에게 기증했다.

아시키타농협의 지방 살리기
-작은 농협의 대담한 도전

　일본은 인구감소와 고령화가 심각한 상태다. 기간산업인 농업과 함께 지역경제도 쇠퇴하고 고용률도 줄어서 대부분의 젊은이들이 직업을 찾아 지역 밖으로 나가고 있다. 고령 가족세대의 증가와 함께 농업을 포기하는 세대, 경작을 포기하는 땅이 증가해서 마을의 공동체적인 상호협력 활동의 저하와 생활필수품의 구입이 어려워지는 등 농산촌 지역의 생활기반이 붕괴되고 있다.

　아시키타(芦田)농협은 일본 규슈 지역 구마모토(熊本)현에 소재하고 있다. 조합원 수 4,300명에 직원 수 300명, 예수금 460억 엔의 소규모 농협이다. 비록 규모는 작지만 미래를 내다보고 "작은 농협의 대담한 도전"이라는 슬로건을 내세워 농업의 6차 산업화, 농상공 연대, 지역 기초생활 지원 등을 추진하고 있다.

신제품 한라봉 젤리, 몽드셀렉션 금상 수상

구마모토현은 남쪽에 위치하고 기후가 온난하여 밀감, 한라봉, 신맛이 적은 양파, 육질이 좋은 소고기가 생산된다. 구마모토농협은 지역의 소득 증진과 고용 창출을 위해 6차 산업화와 농상공 연대를 추진했다. 한라봉 젤리 등 가공품을 생산해서 몽드셀렉션(식품 올림픽-상품의 기술적 수준을 심사하는 벨기에의 민간 기업)에 출품해 금상을 받는 등 신상품 개발과 판매를 하고 있다. 두 번째는 지역 기초생활 지원 사업의 추진이다. 고령화되어 가는 지역 주민을 위해 농협 직원이 조합원의 집을 방문, 필요사항을 청취하여 편의점과 제휴해서 식료품과 생활용품을 판매한다.

6차 산업화는 가공 분야에 경쟁력을 가지고 있는 식품 회사에 제조위탁(OEM) 하고 그것을 농협이 매입해서 농협 상표로 판매한다. 제조위탁은 설비 투자가 불필요하고 기업의 축적된 기술을 활용할 수 있으며 다양한 종류의 상품 생산이 가능하다는 장점이 있다. 이를 통해 식품 회사도 지역사회도 활력을 되찾을 수 있다.

현재는 젤리 가공공장, 제차공장, 정미공장 등 3개의 공장이 가동되고 있다. 한라봉 젤리 푸딩, 커스타드케이크, 아이스크림, 잼, 드레싱 음료, 만두 등 농협 직판 상품 330종의 가공품을 점포 판매와 인터넷 판매, 이벤트 판매 등 각종 유통 채널을 통해 판매한다. 젤리류가 83개, 면류가 72개, 쌀이 30종에 이른다.

식품의 올림픽이라는 몽드셀렉션에는 한라봉 젤리, 한라봉 푸딩, 한라봉 와인, 사라다마소주 등이 금상을 수상했다. 이러한 수상 실적은 소비자와 관련 업계에 상품 가치를 전달하는 매우 유익한 수단이 되고 있다.

지역사회 기초생활 지원 사업

인구감소와 고령화의 진행으로 지역에서의 사회생활이 곤란한 지경이 되어가고 있다. 이에 아시키타농협은 조합원의 기초생활 지원을 위한 다양한 사업을 전개하고 있다.

세븐일레븐과 제휴해 6개의 편의점을 공동으로 운영하고 있다. 편의점은 24시간 365일 개점한다. 조합원 농가만이 아니고 지역 주민 모두에게 서비스를 제공하는 거점이 되었다. ATM기도 있고 24시간 영업하는 편의점이 식품, 일용품의 공급과 복지서비스의 거점이 되고 있다.

편의점은 배달 기능도 가지고 있다. 농협 '생활 지원 사업'의 일환으로 고령자 주택을 방문하고 주문 받은 식품과 고령자용 기저귀 등의 개호용품을 편의점 이동판매차를 활용하여 산간지 등을 순회하면서 배달한다. 이동판매를 통해 농협이 와줘서 고맙다는 주민들의 호평을 듣고 있고 농협의 신뢰도가 높아지는 계기가 되었다.

의약품 회사와 제휴해서 '생활 지원 센터'를 설치해 개호용품과 식품의 전시판매와 함께 건강교실도 개최하고 있다. 또 미용 지원 사업으로 미용사협회와 제휴해서 병원, 복지시설, 재택 요양자를 중심으로 이미용 서비스도 제공한다.

아시키타농협은 '조합원대접 최고'를 달성하는 농협 만들기를 목표로 직원들이 매일 자기체크표를 기록하도록 의무화하고 있다. 인생을 즐겁게 하는 행동 계획이라고 생각하여 자기의 목표 실천 등을 스스로 체크한다. 직원 모두의 실천이 농협 전체의 성과로 나타난다는 점을 강조한다.

농협 스스로 지역 농업 경영도 수행

아시키타농협은 농가를 대신하여 농협이 농작업, 농업 경영, 농산물 생산을 직접 수행해야 할 때가 올 것으로 생각하고 이에 대비하고 있다. 농업 후계자의 고령화와 개별 경영 상황이 악화되어 농업 경영이 불가능하게 되면 지역사회와 농산촌의 자연을 지키기 위해서라도 농협 스스로 농업 경영을 맡아 농산물을 생산하고, 지역 주민을 고용해서 지역의 소득 확보를 추진해야 할 때가 올 것으로 보고 여기에 대비하고 있는 것이다.

농협 마크는 일본 제일의 안전(安全), 안심(安心)의 상표이며 상품의 경쟁력이 매우 높은 편이다. 그러한 상품력을 활용해서 농협이 소비자와 직접 연결되는 직판시스템을 구축해야 할 때가 올 것으로 보고 미리 대비하고 있다.

구마모토현 산골의 작은 농협이 10년, 20년 후의 미래를 내다보고 농촌의 자연과 지역사회 유지를 위해 농작업 등 농업 경영을 직접 책임지고 담당할 체계를 갖추어 가고 있는 것으로 보인다.

제4장

일본 기업의
지방소멸대책과
SDGs 추진

일본의 기업고향납세 사례

일본 정부는 2016년부터 지방 발전을 국가의 중요 정책 과제로 선정하고 본격적으로 추진하면서 '지방에 새로운 주민의 유입을 만든다', '시대에 맞는 지역사회를 만들고 안전한 생활을 유지함과 동시에 지역 상호 간 연대한다'는 목표를 세웠다.

지방의 발전은 하루아침에 성과가 나오는 것이 아니다. 각 지방이 자조의 정신을 가지고 스스로 아이디어를 발굴하여 미래를 개척해 가는 자립정신이 무엇보다 중요하다. 중앙정부는 의욕과 열의가 있는 지역을 '정보, 인재, 재정'이라는 세 가지 측면에서 지원한다.

기업고향납세(지방발전응원세)는 지방자치단체의 지방 활성화 추진 사업에 기업이 기부를 한 경우 세액공제를 해주는 제도다. 2016년 기부액의 60%이던 세액공제를 2020년 세제 개정을 통해 기부액의 90%까지 공제해줌으로써 기업의 실질 부담이 10%로 감소되었다. 이로 인해 기부 금액과 참여하는 기업의 수가 매년 2배로 증가하고 있다. 참여 금액도 2019년 3억 엔에서 2021년 23억 엔으로 증가했다.

전문적인 지식을 가지고 있는 기업의 인재를 지방자치단체에 파견하는 제도도 있다. 이는 기업과 지역을 연결하고 기업의 기술력을 활용하는 지역 공헌 활동과 인재 육성의 기회가 된다. 기업의 입장에서 장점은 SDGs 등 사회공헌 활동이 가능하고 지방자치단체와 파트너십을 만들어 숨겨져 있는 지역자원을 활용한 신규 사업의 개발도 가능하다는 점이 있다. 다만 기부를 통해 기업이 이익을 취하는 것은 금지되어 있고 본사가 관내에 있는 법인의 경우도 기부가 불가능하다.

사람, 상품, 화폐가 지역 내에서 순환해야

지방자치단체는 지역을 하나의 국가로 보고, 지역에서 생산한 상품과 서비스를 지역 외에 판매해 외화를 획득하고 역외에서 사람들의 왕래를 늘려 많은 돈을 사용하도록 해야 한다.

지역경제 활성화를 위해 무엇보다 중요한 점은 인구 유출을 줄여야 한다는 것이다. 역내의 노동 인구가 줄면 생산력이 떨어지고 소비도 줄어서 경제가 침체된다. 그래서 지역 활성화에 필요한 처방전은 바로 사람, 상품, 돈이 지역 내에서 순환할 수 있는 환경을 만드는 것이다.

지방공공단체와 기업이 강력한 연대로 지역 산업을 담당하는 인재를 육성하고 매력적인 아이디어를 제공하는 등 민관 협력을 통해 서로 윈윈

하는 사례도 나타나고 있다. 최근에는 지속가능한 개발목표(SDGs)의 실천으로 사회적 환경을 개선하고, 기업의 가치를 고양하는 데도 도움이 되고 있다. 기업고향납세가 이런 분야에 적극적으로 활용될 수 있을 것으로 기대된다.

북해도 비에이읍

비에이(美瑛)읍은 경관이 아름다운 산악 지형으로 연간 170만 명의 관광객이 찾는 유명 관광지다. 아름다운 경관의 유지 보전을 위해 총사업비 4천 8백만 엔을 설정하고 기부금 5백만 엔을 모금으로 충당했다. 리조트 주식회사, 북해도 산지 직송센터 등 10개 회사가 기부에 참여했다.

북해도 유바리시

유바리(夕張)시는 멜론이 유명하다. 농업생산액의 90% 이상을 멜론이 차지한다. 중요한 농산물이지만 후계자 부족과 재배 면적 감소로 사용하지 않는 하우스가 급격히 늘고 있다. 유바리 멜론의 품질을 강화하기 위해 새로운 하우스 시설을 설치하고 신규 사업으로 한방약제 재배를 권장하고 있다. 유바리 멜론을 사용해서 과자를 만드는 기업에 지역의 농협이 1천 6백만 엔을 기부했다.

이와테현 니노헤시

니노헤(二戶)시는 옛날부터 칠 산업이 발달한 지역으로 일본 칠 제품의 70%를 생산한다. 칠은 절이나 신사 등 중요문화제 보존을 위해 사용한다. 이를 지키고 보존하기 위해 총사업비로 3천 5백만 엔을 책정하고 관내의 터미널 빌딩 주식회사가 4백만 엔을 기부했다.

나가사키현

지역 내에 취직하는 학생들을 지원해서 지역경제 활성화를 추진하고 있다. 현재 젊은 층의 인구 유출이 심각하고 2017년 고교 졸업 후 취직하는 학생의 40% 이상, 현 내 대학 졸업 후 취직하는 학생의 50% 이상이 현 밖으로 나가고 있다. 이처럼 우수한 인재가 지역 밖으로 나가는 것은 인구증가와 지역 산업 활성화의 저해요인이라고 보고, 이들을 지역 내에 정착시키는 것이 급선무라고 판단했다. 그래서 현 내의 기업에 취직하는 젊은이에게 장학금 변제의 일부를 지원함으로써 인재 유출을 억제하고 지방 산업의 활성화를 도모하기로 했다. 총사업비로 26억 엔을 책정하고 관내 농협과 보험회사 등으로부터 2천 4백만 엔을 기부 받았다.

고치현-어린이 식당은 필수 인프라

고치현은 인구감소와 고령화의 진행으로 노령인구(65세 이상)의 비율이 연소인구(14세 이하)의 비율보다 21배 이상 높은 구조가 되었다. 그래서 출산율 향상을 위한 대책을 한층 강화해야 했다.

현재 고치현에서는 어린이와 보호자에게 식사를 제공하는 삶터 69개소가 운영되고 있다. 빈곤 가정의 아동들에게 식사를 제공하기 위한 '어린이 식당'을 필수적인 사회 인프라로 인정하고 현 전체에 확대함으로써 충실한 어린이 교육을 목표로 하고 있다. 어린이 식당을 새롭게 설치하려는 민간단체와 이미 운영하고 있는 단체가 필요로 하는 비용의 일부를 기업이 지원해서 어린이 식당의 확대를 기대하고 있다. 총사업비는 4천만 엔(약 4억 원)으로 결정했다.

기업고향납세를 통해 들깨를 재배하는 오쿠이즈모읍

시마네(島根)현 오쿠이즈모(奧出雲)읍에서는 유휴 농지를 활용해 들깨를 재배해서 지역 활성화를 추진하고 있다. 이를 통해 지역 브랜드 확립과 혈관 질병의 예방이 기대된다. 들깨의 생산을 안정시키기 위해 생산단체에 대한 농기계 구입과 상품 개발 경비를 보조할 계획이다. 사업비로 3백만 엔을 책정하고 종묘회사 가네다 기업의 기부를 받기로 했다. 생산된 들깨는 전량 가네다 회사가 매입한다.

이시가와(石川)현 고마쓰(小松)시에서는 이 지역의 전통공예 구곡 도자기의 제조소를 정비하고 생산 기능의 회복과 유지를 위해 건축업의 고마쓰(小松)기업이 사업비 1천 5백만 엔을 고향납세로 기부하고 참여했다.

가고시마(鹿兒島)현 가노야(鹿屋)시에서는 부모와 아동 간 교류의 광장과 어린이 보육 시설을 신설해서 아이를 기르기 쉬운 환경을 만들기로 했다. 여기에 가고시마 은행이 참여했다. 총사업비 4천만 엔 중 가고시마 은행은 18만 엔을 기부로 후원했다.

우리나라의 경우 기업이 고향사랑기부제에 참여할 수 없도록 법제화되어있으나 언젠가는 실행될 수 있기를 기대한다.

UN SDGs(유엔 지속가능발전목표)는 빈곤, 질병, 분쟁과 같은 인류의 보편적 문제와 함께 기후변화, 에너지, 환경오염과 같은 지구 환경 문제, 노동, 주거와 같은 경제·사회 문제를 2030년까지 17가지 주요 목표와 169개 세부목표로 해결하고자 이행하는 국제적 공동목표이다. 달성 시기는 2030년까지이다. 일본의 기업 중 지속가능한 경제성장과 사회적 과제 해결을 위해 노력하는 곳이 많다.

GMO 인터넷 그룹 구마가이마사토시

도시 지역의 지상은 이미 혼잡이 극에 달했다. 여유가 있는 곳은 공중이다. 자동 제어가 가능한 공중을 나는 자동차는 새로운 교통수단이 될 것으로 보고 있다. 전기로 움직이기 때문에 CO_2 배출량도 줄일 수 있고 자동차나 제트기보다 깨끗한 교통수단이 될 수 있다. 이러한 지구의 과제를 해결하는 사업을 지향한다고 선언한 기업이 나오고 있다.

시미즈건설(淸水建設)은 지구경영 추진실을 설치하고 사장 직할로 운영한다. 1991년에 시미즈지구 환경헌장을 제정 공표했다. 2016년 CO_2 배출량 삭감 중장기 목표를 책정했다. 2018년에는 일본 정부의 에코퍼스트 기업상을 받았다.

2019년에는 SBT(과학적 근거에 기초한 CO_2 삭감 목표) 인증을 취득했다. 2050년까지 목표로 하는 사회를 '탈탄소 사회, 자원순환 사회, 자연공생 사회'라는 3가지로 표현하고 있다. 탈탄소 사회에서는 회사 전체 작업장과 사무소의 CO_2 배출량을 제로로 함과 동시에 회사가 설계한 건물의 CO_2 배출량도 제로로 한다.

시미즈건설은 이제까지 각 지역에서 생태계를 존중하며 자연 환경이나 생물다양성을 보전하고 회복하는 기술과 노하우를 장기간 축적해왔으며, 이 기술과 노하우를 이용해 고객에게 그린인프라를 제공함으로써 지속가능한 자연공생사회 실현을 위해 노력할 것이라고 선언했다.

스미토모(住友)부동산 주식회사는 가정과 사회에서 지구를 생각하고 탈탄소사회를 지향한다고 선언했다. 이 회사는 1996년 리모델링 사업 개시 후 단독주택과 아파트 등 대규모 리모델링 수주 수가 16만 동에 이른다. 430년의 역사를 자랑하는 스미토모는 사업정신을 '자리리타 공사일여(自利利他 公私一如)'로 정하고, 사업 활동에 책임을 가지고 사회에 공헌한다고 선언했다. 주택에 사는 사람과 지역사회의 과제 해결을 위해 지속가능한 사회 만들기에 공헌하기로 한 것이다.

그런 생각으로 신축과 동일한 리모델링을 통해 주요 건축물을 보존하면서 주택 성능을 향상하는 리모델링 공법을 개발했다. 재건축과 비교해 폐기물이 적기 때문에 환경 부하가 적고 건축 비용도 절감할 수 있다.

스미토모 회사가 동경대학과 공동연구를 통해 재건축과 리모델링의 CO_2 배출량을 조사한 결과를 보면 실제로 약 22t의 배출량 차이가 난다. 즉 재건축을 리모델링으로 바꾸면 22t의 CO_2 배출량을 감축할 수 있다는 것이다. 건축 연수가 오래된 건축물은 단열 성능이 떨어지는 경우가 많은데 리모델링은 신축 주택과 같은 단열 성능을 가지고 있다. 지금 살고 있는 주택의 재건축이 아니라 리모델링을 선택할 경우 자원의 낭비를 줄이고 건강한 생활도 가능하다. 이는 SDGs에 부합하는 사업이라고 볼 수 있다. 일본 주택의 재건축 사이클은 유럽의 여러 나라와 비교하면 극단적으로 짧다. 미국은 55.9년, 영국은 78.8년, 일본은 38.2년이다. 한국은 재건축 허용 연 한도가 30년이다.

오래된 주택을 헐고 재건축하는 것은 일본의 주거생활의 정착된 관습이다. 건축물은 개인의 자산임과 동시에 사회 전체의 중요한 자산이다. 건축에 비해 CO_2 배출량이 훨씬 감소되는 리모델링을 통해 이 자산을 오랫동안 계속 사용할 수 있고, 안전한 주택으로 재탄생시키는 것은 지속가능한 사회의 실현을 위해 공헌할 수 있다.

일본 금융기관의
SDGs 추진

날로 심화하는 지구의 온난화를 어떻게 하면 멈출 수 있을까? 미쓰이스미토모금융그룹(SMBC)은 이에 정면으로 도전한다고 선언했다. 2030년까지 그룹 전체의 온실가스 배출량(GHG, Greenhouse Gas)을 제로로 하고, 2050년까지 투융자 자금계획 전체에서 GHG 배출량을 제로로 한다는 목표를 설정했다.

SMBC 그룹 이토(伊藤文彦) 회장은 녹색의 지구를 후손에게 물려주는 것은 국가사회에 책임 있는 기업으로서 추진해야 할 중요한 과제임과 동시에 인류가 장기적으로 해결해야 할 과제라고 선언했다.

이러한 목표는 SMBC만 실천해야 할 과제는 아니라고 본다. 기업에 따라 탈탄소화의 진척 상황은 다르고 GHG 배출량이 많은 기업에서 갑

자기 자금을 회수하면 오히려 환경에 악역향을 줄 수도 있다. 그룹의 힘을 발휘해서 각 기업이 단계적으로 가능한 해결책을 제안하고 탈탄소로 이행될 수 있도록 지원하는 것이 금융기관의 책무라고 생각했다.

구체적인 예로 GHG 배출 계획을 간단히 수립하고 정량화할 수 있는 서비스인 'SUSTANA'가 있다. SMBC 그룹이 독자 개발해 제공한 시스템으로, 전력사용량 정보를 입력하는 것만으로 온실가스의 배출 상황을 효과적으로 분석할 수 있고, 업종과 시설의 형태에 따라 GHG 삭감 방법도 제안해 준다.

시간도 많이 걸리지 않고 인력도 투입되지 않기 때문에 온난화 대책에 대한 기술이 없는 중견, 중소기업을 지원할 수 있다. GHG 삭감 방침을 실행하기 위해 필요한 자금의 조달이나 거래처 개척은 SMBC 그룹의 강점을 살려서 지원한다. 한편 대기업에 대해서는 일본 IBM과 공동으로 기후변동이 재무에 미치는 영향을 분석해주는 서비스를 제공한다.

기후변동에 관한 정보 개시는 세계적인 흐름이고 일본에서도 일부 상장기업에 대해 TCFD(기후 관련 재무 정보 개시 태스크포스)의 제언에 따라 정보개시가 실질적으로 의무화 될 것으로 보고 있다. 'climanomis' 플랫폼을 사용하면 기후변동 관련 리스크와 기회가 기업에 주는 재무적인 영향 등을 신속·정확·상세하게 망라해서 분석이 가능하고 재무적으로 알기 쉽게 정리할 수 있다고 알려지면서 각 기업의 요청이 쇄도하고 있다.

SMBC 그룹은 2030년까지 지속가능금융 30조 엔 투자를 목적으로 재생 에너지 관련 프로젝트 파이낸싱과 채권의 인수 등 국내외에서 폭넓은 과제 해결을 위해 주력하고 있다. 적극적으로 리스크를 안고 자금을 공급함으로써 장래 유망한 사업이나 기술을 육성해 갈 것이라고 선언했다.

또 SMBC 그룹은 후라노자연숙(富良野自然宿)의 활동을 지원하고 있다. 이 숙에서는 폐쇄된 골프장에 2006년부터 나무를 심고 원래의 자연 숲으로 되돌리는 자연 반환 사업과 더불어 광장을 사용하는 환경 교육 프로그램을 실시하고 있다.

SMBC 그룹의 사시(社是)는 '그린(green)'이다. 그린이 상징하는 녹색의 지구를 다음 세대에게 넘겨주고, 세계 공통의 목표인 탈탄소화를 향해서 모든 기업과 함께 매진할 것이라고 선언한다.

후라노자연숙과 SDGs 교육
-농업과 관광

북해도 후라노(富良野)시의 구라모토 소(倉本聰) 씨에 대해 동경의 지인 후지다(藤田和芳) 씨로부터 많은 이야기를 들었다. 2015년 후라노 라벤더 농원을 방문할 때 인근에 있는 그의 연극연수원을 방문한 적이 있다.

2023년 어느 날 지인 10여 명이 모여서 식사를 하던 중 SDGs 이야기가 나왔다. 이 때 SDGs가 무슨 뜻이냐는 질문을 받은 적이 있다. 그래서 우리나라에도 체험형 SDGs 교육기관이 탄생하기를 기대하면서 이 글을 작성했다.

후라노시는 북해도의 중심에 위치한 인구 2만 6천 명의 평범한 도시다. 후라노가 유명한 관광지가 된 것은 구라모토가 창작한 TV 드라마 〈북쪽의 나라에서〉의 인기가 폭발했기 때문이다. 이후 연간 250만 명의 관광객이 찾는 유명한 관광지가 되었다.

1984년 구라모토는 각본가와 배우를 양성하는 후라노숙(富良野宿)을 설립했다. 이 숙은 수업료가 무료이고 2년 동안 매년 20명이 입학해 40명이 집단생활을 한다. 숙생은 농작업을 도우면서 생활비를 마련한다. 이곳에 입학한 이들은 자기실현을 할 수 있는 장소가 도시 지역이 아니라 농촌이라는 점을 직접 경험하며 체득한다.

구라모토는 2005년 후라노 프린스호텔 골프코스(35ha)가 폐쇄된다는 뉴스를 듣고 찾아가 옛날의 숲으로 환원하자고 제안해서 승낙을 받았다. 골프장이던 잔디밭을 본래의 숲으로 환원하는 자연 반환 사업이다. 환경 유지·보전의 중요성을 인식시키기 위해 구라모토가 교장이 되고, 자연 반환 사업과 환경 교육 사업을 목적으로 후라노자연숙연수원을 설립했다. 부지 내에 총 발전 출력 1,037kW의 태양광 발전 설비인 가와사키 태양광 발전소를 설치했다. 일본 내 최초의 메가 솔라 발전 설비가 되어 1년 GHG(Green House Gas, 온실효과가스) 삭감 440t을 달성했다.

구라모토는 후라노자연숙에서 새로운 형태의 지구환경 프로그램을 체험해 보라고 호소한다. 그는 이렇게 주장한다. "지금 우리들은 이 토지를 빌려서 본래의 숲으로 환원하는 사업과 환경 교육 사업에 이용하고 있다. 숲으로 환원하는 것은 단순히 나무를 심는 것이 아니다. 인근 숲에서 종자, 묘목을 채취해서 이식 가능한 시기까지 육성하고 지상에 심는 인내와 세월의 원대한 작업이다. 이 골프코스가 숲으로 환원된 모습을 우리들은 살아서 볼 수 없을 것이다. 그래서 이처럼 거대한 프로젝트는 우리의 미래 세대에 넘겨서 계속되어야 한다. 이것은 어떤 이익을 얻기 위한 사업도 아니다. 우리들은 목재를 얻기 위해 숲을 만드는 것도 아니다. 잎을 만들어 주기 위해 숲을 만드는 것이다. 왜냐하면 잎이야말로 공기정화와 물의 저장을 담당하는 가장 중요한 기관이기 때문이다. 미쓰이스미토모은행(SMBC)의 협력으로 우리들은 이 프로젝트를 진행하고 있다. 관심을 가지고 이 필드에 오셔서 즐겨 달라."

구라모토는 동경대학 문학부 미학과를 졸업하고 TV 드라마 각본가로 활약했다. 동경에서 자유 각본가로 활동하면서 NHK 대하드라마로 예술계의 유명인사가 되었다. 1977년 후라노로 이주했고 1981년에는 후라노를 무대로 한 가족드라마 〈북쪽의 나라에서〉가 인기를 얻어 큰 화제가 되었다. 그 후 북해도를 무대로 다수의 드라마가 제작되었다.

구라모토는 다음과 같은 다섯 가지 자연 반환 교육 프로그램을 운영하고 있다.

1) 녹음(綠陰)교실 - 인류가 살고 있는 지구에서 반드시 필요한 산소와 물을 제공해 주는 것은 나무와 그 잎이다. 잎을 번성시키기 위해서 숲을 만들고 있는 사실과 숲과 인류의 관계를 이야기해 준다.

2) 맨발 걷기 - 맨발로 잔디, 자갈, 낙엽, 통나무 등이 마련된 길을 걸어본다. 바람소리, 풀의 온기, 숲의 향기, 새와 곤충의 소리 등 시각 이외의 감각으로 지구를 느껴본다.

3) 암석(岩石)의 지구 - 직경 1m의 지구 모형의 암석을 사용해서 지구의 구조와 표면의 구조, 지구와 태양의 관계 등 알기 쉽게 보여준다. 지구가 매우 기적 같은 우연으로 만들어진 '기적의 별'이라는 사실을 실감할 수 있다.

4) 지구의 길 - 지구 46억 년의 역사를 460m의 거리로 압축한 길을 강사의 드라마틱한 해설을 들으며 걷는다. 지구의 환경이 인류 탄생의 극히 짧은 시간에 크게 변화한 것을 실감할 수 있다.

5) 기념식수 - 50년, 100년 후의 숲의 모습을 상상하면서 본래 골프장의 딱딱한 지면을 삽으로 파고 나무를 심는다. 나무의 열매를 따보고 작은 묘목을 찾아보고 나무 생명의 변화도 공부한다.

지구의 길 환경 교육과 SDGs 과정을 밟는 비용은 고교생 3,500엔, 초등·중학생 1,500엔이다. 지구의 길 오감 맨발 걷기는 고교생 2,500엔, 초등생 1,500엔이다. 이러한 프로그램은 지식이 아니라 체험을 통해 자연과 환경을 즐기면서 공부할 수 있다. SDGs 관점도 프로그램에 포함되어 있어서 초중등학교의 숙박연수, 고등학생의 수학여행, 대학생을 위한 집중강의 등으로 활용되고 있다.

일반 기업의 경제 우선 식 사회구조는 마지막 길에 도달했다고 보고 자연과 환경을 배려한 기업 활동이 필요한 시대가 되었다는 것이 그의 주장이다. 후라노는 텔레워크 환경도 정비되어 있어서 각종 프로그램, 즉 SDGs 워크숍 등 합숙연수도 진행한다.

정식 프로그램 이외에 후라노를 더 즐기고 싶다는 고객을 위해 별도의 프로그램도 있다. 제로카본 여행은 다음 세대에 이처럼 훌륭한 자연 환경을 남겨주기 위해 여행하면서 배출한 CO_2를 흡수할 수 있는 나무를 심도록 한다. 식수 체험 비용은 성인은 3,000엔, 어린이는 1,000엔으로 하루 참석 정원은 100명이다.

환경 교육 사업도 적극적으로 하고 있다. 2017년 아사히야마(旭山)동물원과 환경 교육에 관한 협약을 체결했다. 이외에도 북해도의 숲 만들기 전문학교와 숲 재단 등 자연을 지키는 사업을 하는 여러 단체와 업무 협약을 체결하고 환경 교육용 공동교재도 발행했다. 후라노자연숙의 프로그램과 아사히야마 동물원 양쪽을 견학하는 사람들이 사용할 수 있도록 공동교재를 발행하고 숙박연수와 수학여행 때 사용한다.

구라모토 씨는 극작가, 영화감독, 연극인이면서 행동하는 환경운동가, 행동하는 지식인으로 일본인의 존경받고 있다. 그를 연구하는 책이 다수 발간되어 고향납세 답례품으로도 인기다.

후라노 주민들은 자기들 지역이 '농업과 관광'의 지역이라는 인식을 갖게 되었다. 농업과 관광 중시라는 공통의 가치가 내면화 되면서 무의식의 수준까지 침투되어 후라노는 안정적인 농촌사회로 존속할 것이라 믿는다.

1kg의 CO_2 삭감 조건으로 숙박요금 20% 할인

일본이 근대화를 지향하고 있을 때 그 흐름에 합류하지 못한 지역이 한 두 곳이 아니다. 시라카와(白川)읍은 교통편이 나쁘고 생활 환경이 불편하여 근대화의 흐름에 편승하지 못한 대표적인 지역 중 하나다. 시라카와읍은 나고야(名古屋)에서 버스로 2시간 걸리는 기후(岐埠)현 오노(大野)군에 위치하는데 특별한 자원이 없는 산간지에 560가구 1,900명의 주민이 살고 있다.

이 지역은 1995년 유네스코 세계문화유산으로 지정되어 매년 2백만 명의 관광객이 찾아든다. 갓쇼의 고향(合掌의 里, 초가집 모양이 손바닥을 합장한 모양과 같다는 데서 연유한 오래된 명칭. 이러한 건축물의 고향이라는 뜻) 시라카와읍의 농업은 산채류, 시금치, 양배추 정도이고 전업농가는 2가구 정도로 농촌이지만 농업은 별로 없다. 여관, 민박, 식당, 기념품 상점 등 3차 산업이 70%에 이른다. 이처럼 관광산업이 발달한 것은 도시 사람들이 다른 지역에서 느끼지 못한 매력을 이 지역에서 느낄 수 있기 때문이다.

시라카와읍을 이처럼 전국적으로 유명하게 만든 것은 독특한 4~5층 구조의 갈대로 지붕을 이은 갓쇼집(合掌家, 갈대 지붕의 집)이다. 가족 30~40명이 함께 살 수 있을 만큼 규모가 크면서도 못을 전혀 쓰지 않고 지은 것이 특징이다. 건물의 크기는 다소 차이가 있으나 길이가 22m, 폭이 13m, 높이가 14.5m, 건축면적이 338㎡나 되는 5층 구조의 대규모 복수 건물이다.

이러한 건물의 형태와 대가족 제도는 그 당시의 중요 산업인 양잠업과 밀접한 관련이 있다. 양잠을 하기 위해서는 넓은 공간과 집중적인 노동력이 필요했고, 그 노동력을 확보하기 위해 독특한 요바이(夜這, 남자가 몰래 여인의 침소에 들어가 정을 통하고 구혼하는 풍습)혼이라는 결혼제도가 있었다.

20만 원 지불하고 지붕 잇기 작업 참여

읍에서는 갓쇼집의 지붕 잇기 작업도 관광 상품화 했다. 동경 등지에서 200~300명의 청년들이 참가하여 1일 2만 엔(약 20만 원)을 지불하고 지붕 잇기 작업을 하는 모습은 일대장관이다. 5월 모내기철에는 갓쇼집 주변에 드문드문 있는 논에 모내기 작업이 한창이다. 전통 복장과 갓을 쓰고 손모내기 하는 모습과 갓쇼집의 아름다움이 함께 어우러져 관광객의 인기를 끌고 있다. 경관과 문화를 관광자원화 했다고 볼 수 있다.

시라카와읍의 관광자원인 갓쇼집을 화재로부터 보호하기 위해 40년 전 3억 엔을 투자해 소방 시설을 설치했다. 매년 겨울이 되기 전에 전 주민이 모여서 20분간 소방훈련을 하는데 이때의 사진을 찍기 위해 1,000명 정도의 사진작가들이 전국에서 모여든다.

12월에서 1월 중순경 눈이 쌓이는 계절이 되면 갓쇼집과 마을 주변에 일제히 조명등을 밝혀서 야경을 아름답게 만드는 이벤트를 개최한다. 이모습을 보기 위해 일몰 시간에 맞추어 관광객들이 많이 모여든다. 10월 중순에는 도부로쿠(막걸리)를 만들어 관광객과 지역 주민이 함께 어우러져 전통 춤과 예능을 즐긴다.

마을 전체가 세계문화유산

2005년 8월에는 세계문화유산 지정 10주년을 기념해서 '살아있는 유산을 미래에'라는 주제로 국제포럼이 개최되었다. 시라카와읍은 세계문화유산이면서 사람들이 실제로 생활하는 장소이기에 이것을 다음 세대에도 계속되도록 하는 것이 중요하다는 점에서 이 같은 주제를 설정했다. 해외에서는 시라카와처럼 생활의 장소가 세계유산으로 지정된 프랑스의 생때밀리옹, 이탈리아의 알베로벨로, 아프가니스탄의 바미안, 필리핀의 코르디레라스 등에서 행정 전문가들이 참석하고, 일본에서는 시라카와현의 관계자와 문화청 등 보존 전문가들이 참석해서 50년 후 미래세대에 어떻게 문화유산을 전승토록 할 것인가가 중점적으로 논의되었다. 시라카와촌은 경북 안동 하회마을과도 자매결연을 맺고 있다.

와세다대학의 가키자키(柿崎) 교수는 30년간 이 마을의 지도자 양성을 위한 고운숙(耕雲塾)을 운영하면서 지역 청년들 20여 명을 지역 활성화의 리더로 육성해 왔다. 와세다대학 퇴직 후에는 5년간 이 지역의 교육장으로 활약하면서 인재 양성에 힘을 쏟았는데, 지역 주민들은 이 점을 높이 평가한다. 가키자키 교수는 멀리 북동부에 있는 야마가타(山形)현에도 농촌 청년들을 양성하는 고운숙을 운영한다.

자연학교

지구환경 문제가 중요한 과제로 대두하는 최근에 세계적인 자동차기업인 도요타 자동차 회사는 자연과의 공생, 지역사회와의 공생을 캐치프레이즈로 자연학교를 설립해 운영한다. 사람과 자연, 사람과 사람, 사람과 사회를 긴밀하게 연결함으로써 자연과 인간이 서로 공생하는 지속가능한 사회(SDGs)를 만들어야 하는 사명을 가지고 출발했다. 시라카와촌 주민들의 요청으로 청소년들의 자연 환경 교육을 위해 이 마을의 언덕에 '도요타 시라카와 자연학교'를 설립한 것이다.

일본 제일의 아름다운 마을에 자연학교를 설립해 안전하고 건강한 공생 프로그램을 제공해서 연수생이 감동하도록 한다. 어린이부터 성인까지 많은 고객이 내방하고 숙박을 통해 자연과 함께 살아가는 삶의 중요성을 실감하며 환경에 대한 지식을 높임과 동시에 치유의 장소를 제공하기 위함이다.

자연학교에서는 자연의 신비로움을 배우고 자연의 예지를 깨닫는 것이 한 사람 한 사람의 인생을 풍요롭게 하고 사회에 도움이 된다는 점을 교육한다. 국내외 전문가와의 교류를 활성화해 환경 교육이나 자연 체험과 더불어 자연에 관한 식견이나 기능을 가진 인재를 길러서 전국 각지로 배출하고 있다.

또한 미래로 이어지는 지구촌의 지속가능성에 관한 마인드를 가진 인재 육성을 지향한다. 모든 사람의 심신이 건강하게 살 수 있는 사회를 만드는 데 기여할 수 있는 사람과 급격히 변화하는 사회 환경과 지구 환경 속에서도 인생의 가치를 긍정적으로 말하는 사람을 육성한다.

특히 어린이 캠프에서는 변화와 다양성을 존중하고 자신의 모든 행실과 의사결정에 주체성을 가지며 날마다 성실하게 살아가는 긍정적인 인재 육성을 지향한다. 인재 육성 프로그램은 SDGs, ESG(Environment Social Governance), 환경 교육, 야외 교육, 자연체험 활동, 에코투어리즘, 그린투어리즘, 지역 발전, 산림서비스 등이 있다.

숙박객은 1박 2식 요금을 지불하고 인터프리터(interpreter, 자연의 메시지를 인간에게 통역한다는 뜻으로 해설사를 말함)가 하는 주변 자연과 숲 해설 등 자연학교의 강의와 안내를 즐길 수 있다. 숙박객은 1일 1kg의 CO_2를 삭감하는 캠페인에 참여한다고 선언하면 숙박요금 20%를 할인 받을 수 있다.

지역과의 공생

지역과의 공생을 실현하기 위해 숙박객의 아침 식사는 마을에 내려가 민박집이나 식당 등에서 일본의 전통 요리를 먹도록 한다. 세미나 하우스는 친환경 모델을 지향하고 있다. 나무 재질의 바이오매스를 이용하여 난방하고 눈을 저장해서 여름에 냉방을 한다. 풍력과 태양광 발전, 고기밀(高氣密), 고단열(高斷熱) 등 다양한 환경 기술의 전시실이 되고 있다.

에코스쿨로 지속가능한 사회
-자연은 최고의 교육기관

2023년은 유난히 기상이변이 많이 발생했다. 계절을 벗어난 폭우와 가뭄 현상이 지구 곳곳에서 나타났다. 이는 2023년에 한정된 돌발 사태가 아니라 이미 예정된 수순이라는 점에서 우리를 더욱 두렵게 한다. 또 "기후 고통을 해소할 마법은 없다", "재생 에너지 안 늘리면 사람도 죽고 경제도 죽는다" 등의 신문 기사 타이틀이 일상적으로 보인다. 이를 해소하기 위한 대책으로 유엔에서 지속가능한 발전목표(SDGs)를 선언했고 이를 실행하기 위해 다양한 정책이 나오고 있다.

우리나라의 에코스쿨 운영

우리나라의 경우 에코스쿨을 통해 2016년부터 도시 지역의 초중고교

중에서 선정된 학교에 녹지 공간이나 생태학습장 등을 조성하여 학생들과 지역 주민에게 자연 친화적인 녹색 환경을 제공하는 사업을 하고 있다.

광주광역시는 기후위기 대응 홍보관을 설치하고 어린이 환경 교육을 실시한다. 화성시는 지속가능한 미래를 준비할 수 있도록 삼성전자와 함께하는 에코스쿨 10개 학교에서 시범 교육을 실시한다.

부산시 사하구는 에코스쿨 시범학교를 운영한다. 미래세대의 초중고 학생들에게 친환경 교육을 통해 실천 가능한 온실가스 감축 방향 모색 등 에너지 체험 교육을 실시하고 있다.

일본의 기업과 단체들은 자연의 소중함과 환경 교육을 실시하는 자연학교를 운영한다. 자연은 가장 좋은 교육 장소다. 자연학교는 일반학교 교육에서 체험할 수 없는 프로그램을 제공하고, 누구나 자연에 접하고 배움으로써 사람과 자연이 함께 하도록 하기 위해 1996년 일본의 농촌지역에서 만들어진 신조어다.

일본의 자연학교 운영

일본의 도요타 자동차 회사는 지속가능한 사회(SDGs) 강좌를 도야마현 시라카와촌에 설립한 자연학교에서 운영한다. 이는 지속가능한 사회를 목적으로 스스로 행동하는 인재를 육성하는 숙박형 강좌다. 오래전부터 계속되어 온 문화와 건축물이 남아있는 시라카와촌에서 이웃과 함께 향토문화를 접하고, 그곳에 사는 사람들과의 대화와 필드워크를 통해 미래의 인재를 육성하기 위해서다. 그래서 기회가 적었던 장애자도 시라카와촌의 자연과 문화를 접하고 숙박하면서 자연프로그램을 즐길 수 있다.

일본에서 자연학교는 20년 이상의 역사가 있다. 이제 자연학교는 지속가능한 사회를 만들기 위한 온 국민의 학습 거점이 되고 있다. 다만 자연학교는 일본 사회에 완전히 정착된 단어나 개념은 아닌 것 같다. 2002년에는 자연체험 활동이나 시설, 조직 등을 '자연학교'로 칭하기로 했다. 또 2006년 일본의 자연학교 전국조사에서 자연학교는 '자연 활동을 통해서 사람과 자연, 사람과 사람, 사람과 사회를 연결하고 자연과 인간이 공생하는 지속가능한 사회를 만들기 위한 조직적인 자연체험 활동할 수 있는 곳'으로 정의했다(사단법인 일본환경교육포럼).

규모는 다르지만 다양한 형태의 자연학교가 2020년 현재 일본 전국에 약 3,700개 활동 중이다. 그만큼 지속가능한 사회를 만들기 위한 자연보존과 지구환경 교육이 중요한 시점이라는 뜻이다. 지속가능한 사회, 즉 SDGs 실천을 위한 교육에 노력하고 있는 점이 매우 인상적이었다.

자연은 최고의 교육 장소-공육(共育)을 통해서 공생(共生)

자연은 인류에게 가장 좋은 교육의 장소다. 학교 교육에서 체험할 수 없는 기회를 제공하고 누구나 자연에 접하고 배움으로써 사람과 자연이 함께 하도록 돕는 것이 교육의 목적이다. 여기서 중요하게 생각하는 것은 공육(共育)이다. 가르치고 배우는 관계를 넘어 함께 배우고 서로 돕는 관계, 즉 공육을 만들어 스스로 생각하고 행동하는 인재 양성을 중요시 한다. 지속가능한 사회를 만들기 위한 SDGs 강좌도 각 지역에서 운영하고 있다. 지속가능한 사회를 목적으로 스스로 행동하는 인재를 육성하는 숙박형 강좌가 많다.

자연학교는 자연을 무대로 한 교육 시설이다. 학교에서는 학력이라는 지식을 배운다. 그러나 지혜(智惠)를 가르쳐 주지는 않는다. 매일 산과 강에서 예상하지 못한 다양한 환경에 마주치게 되고 이를 스스로 해결해야 할 경우가 생긴다. 그때 순간적으로 자기 스스로 판단하고 해결해야 한다. 자연에서 뛰어노는 것은 자발적으로 살아갈 수 있는 지혜와 능력을 향상시켜 준다.

자연학교는 근대 교육의 패러다임을 변화시키는 계기가 되었다. 학교 교육의 보완적인 수단 중 하나로 보았으나 이제는 전문적인 영역으로 보아야 한다는 주장도 있다.

고향납세로
글로벌 인재 육성

세계는 빠르게 변화하고 있다. 최근 수년 동안 중국을 위시해서 경제 성장을 이루고 있는 인근 국가의 유학 인구가 증가하고 있으나 일본의 유학생 수는 2004년을 정점으로 급격히 감소하고 있다. 세계에서 일본 기업의 존재감이 약화되는 가운데 세계에서 활약 가능한 글로벌 인재의 육성은 일본의 중요한 과제다.

지방의 매력 홍보

일본의 유학생 수는 2004년 현재 6만 명을 피크로 계속 줄고 있다. 경제성장을 계속하고 있는 중국이 76만 명, 한국이 21만 3천 명(2019년)인 것과 비교하면 일본은 매우 적은 편이다. 글로벌화가 진행되는 시점에 세계를 무대로 활약할 수 있는 청년 세대를 육성하는 것은 국가적 과제라고 인식하고 있다. 문부과학성은 장래 세계에서 활약할 수 있는 글로벌 인재를 양성할 목적으로 2014년 도비다테(留学) JAPAN, 즉 '관민협동 유학 지원제도-도비다테 유학 재팬 일본대표 프로그램'을 실시했다. 정부뿐만 아니라 사회 전체가 참여함으로써 큰 효과를 볼 수 있다고 생각하여 각 분야에서 활약하는 사람이나 민간 기업으로부터의 기부 등 관민협동으로 추진하고 있다.

유학 장학금 월 160만 원

유학 지원제도는 6개의 코스가 있다. 이과 계통으로 일본 부흥 전략과 산업계의 요구에 맞는 융복합계 인재코스 200명, 미래 성장이 기대되는 신흥국 유학 지원 코스 70명, 세계대학 랭킹 100위 이내의 대학에서 우수한 학생들과 교류하며 전문지식을 함양하도록 하는 세계 톱수준 대학 코스 90명, 다양성 인재 코스 90명, 스포츠 예술 관광 등 지역 인재 코스 50명, 지역의 글로벌화를 촉진하기 위해 지역의 활성화에 공헌할 수 있는 리더 양성을 위한 고교생 코스 500명 등의 유학 코스가 있다. 고교생 대상 코스는 3가지가 있다. 자기가 희망하는 코스, 사회탐구 코스, 스포츠 예능 코스가 있다.

코스의 특징은 해외 봉사활동, 해외 인턴, 해외 대학 입학 등 다양한 분야의 유학을 대상으로 한다는 점이다. 장학금으로 지역에 따라 월 12만 엔부터 16만 엔을 지급하고 유학 준비금, 교통비, 수업료의 일부를 지원한다. 현재의 해외 경험이나 어학 능력 등은 필수 사항이 아니다. 미래의 세계에서 활약할 수 있는 인재 육성을 목적으로 하므로 현 시점의 어학 능력보다 의욕과 정열 등 인물 면을 높이 평가하고 선발한다.

이들은 유학 후 국내로 돌아와 국가를 위해 다음의 3가지 역할을 해 줄 것으로 기대한다. 세계적지도자(Global Leader) 기능으로 유학을 통해서 장래 세계적인 인재 육성을 목표로 한다. 대사(Ambassador) 기능으로 세계에서 일본의 지지층을 증가시키고, 인맥을 구축해 유학국에서 일본의 문화와 전통을 홍보함으로써 일본다움을 표현한 명함을 배포하거나 서도(書道), 일본 요리 등을 소개한다. 전도사(Evangelist) 기능은 귀국 후 자기의 경험을 소개하고 유학의 장점을 널리 알리는 역할을 하고, 자기 지역에서 교육 기관 유학 관련 이벤트를 개최한다. 2023년부터 2027년까지는 2단계 유학생 보내기 운동이 추진된다.

글로벌화의 진전과 기술의 급속한 고도화로 세계는 급격하게 변화하고 있고 빈부격차와 기후변화 등 전 지구적으로 해결해야 할 과제도 있다. 이렇듯 미래의 전망이 불확실한 시대에 사회 변혁을 실현하기 위해서는 변화를 수용하고 다른 문화를 이해·존중하면서, 도전정신을 가지고 새로운 가치를 창조할 수 있도록 다양한 업계의 사람들이 일본 정부의 유학 지원 취지에 찬동하고 젊은 청년들의 유학을 응원하고 있다.

답례품의 진화 - 유학 지원

지방자치단체는 고향의 미래를 담당할 청년들의 유학을 고향납세로 응원하자는 취지를 바탕으로 고향납세제도를 활용한다.

고향납세의 방향이 답례품이라는 상품에서 사업으로 변화하는 가운데 같은 과제를 안고 있는 지방자치단체가 광역적으로 연대해서 공통의 목표를 내걸고 기부금을 모집하는 활동이 나오고 있다. 그 중 하나가 젊은이의 유학을 지원하는 활동이다.

유학을 희망하지만 경제적 이유로 포기하는 젊은이를 지원하는 것을 목표로 나가사키(長崎)현 히라도(平戸)시, 나가노(長野)현 시라우마(白馬)촌, 오키나와(沖繩)현 기노완(宜野灣)시, 오카야마현(岡山) 다마노(玉野)시, 효고(兵庫)현 이치가와(市川)읍, 후쿠이(福井)현의 6개 지방자치단체가 연대해서 침가하는 거번먼트 크라우드 펀딩(GCF)이 2017년 출범했다. 기부자는 어느 지자체에 기부할 것인지 선택할 수 있다. 젊은 청년을 지원하자는 생각이 모여서 6개월 동안 1천만 엔(약 1억 원)이 모금되었다.

각 지자체의 유학 지원 사례는 다음과 같다. 히라도시는 2012년부터 매년 자매도시인 네덜란드의 노르토와이켈하우트시와 교환 유학을 실시하고 있다. 고향납세로 비용의 60%를 지원한다. 나가노현의 시라우마촌은 고교 2년생을 대상으로 자매도시인 네덜란드에 단기 어학 유학으로 20명을 선발 지원한다. 오사카(大阪)의 가이즈카(貝塚)시는 고교생 미국 유학 지원을 위해 1천만 엔을 고향납세로 모금해서 미국의 자매도시와 격년으로 고교생의 교환 유학을 실시한다.

고향납세는 단순한 농촌 지역의 농산물을 답례품으로 공급하는 일시적인 사업이 되어서는 안 된다. 인구감소 시대에 국토의 균형 있는 발전과 민족의 장래를 위하고 농산촌 지역의 유지를 위한 마지막 사업이라는 공감대 형성이 중요하다.

제5장

일본 농산촌 지역의
혁신 우수 사례

북해도 몬베쓰시의 지방 혁신
-지역의 골칫거리가 효자 노릇

오호츠크해에 접한 몬베쓰(紋別)시는 유
빙(流氷, 물에 떠다니는 얼음 덩어리)의 지역으로
유명하다. 유빙이 바다를 덮어버려 어선
의 운항이 불가능할 정도다. 골칫거리인
유빙을 관광자원화 하기 위해서 1987년
유빙관광 쇄빙선 가린고호를 취항해 유빙
의 바다를 체험할 수 있도록 했다.

골칫거리 유빙을 관광 상품화

유빙은 많은 양분이 녹아 있는 물이 아무르 강을 통해서 흘러내린 후

오호츠크해에서 얼어서 나타나는 현상이다. 이를 먹이로 플랑크톤이 모이고, 플랑크톤을 먹으러 물고기가 모이고, 물고기를 먹으러 바다표범이 모이는 형태가 이어져 오호츠크해에는 많은 어종이 모여든다.

몬베쓰시에서 유빙은 '백색의 악마'라고 불릴 만큼 지역 주민의 골칫거리였다. 특히 어업 관계자로서는 겨울철 유빙이 수익 감소로 연결되므로 유빙은 마이너스 자산이다. 1950년까지 지역의 경제와 주민의 생활에 피해를 주던 골칫거리가 유빙관광이 활성화 되면서 북해도의 겨울철 관광자원으로 재탄생하는 플러스 자산으로 변화했다. 1987년 몬베쓰시에 취항한 유빙쇄빙관광선 '가린고호'는 2004년에 유빙과 함께 북해도 문화유산으로 인정되었다. 1년 동안 관광선 이용객 수는 2002년에 5만 3천 명이 되었고 유빙축제에 33만 명의 관광객이 찾아온다.

유빙 미술품도 인기

지역의 문화 분야에서는 유빙화(流氷畵)와 유빙축제는 정서적으로 인정되는 관광자원이 되었다. 무라쇠(村瀨) 씨의 유빙화는 유빙의 가치를 새로운 분야로 발전시킨 것으로 평가된다.

유빙은 1950년까지는 마이너스의 자원으로 인식되었으나 그 후 50년 동안 지역 주민이 연구하고 노력하여 관광 진흥에 활용되는 중요한 자원으로 진화했다. 몬베쓰시의 유빙 사례는 지역 내에 흔히 있는 미이용 자원의 성공적인 자원화 사례로 높이 평가받고 있다.

유빙 음악회도 개최

고다케(小竹) 씨는 유빙으로 인한 어두운 생활을 벗어나 즐거운 하룻밤을 보낼 수 있도록 1958년부터 '눈 속의 밤'이라는 시민 음악콘서트를 개최해서 유빙으로 인한 마이너스 이미지를 변화시키려고 노력했다.

또 1949년에는 몬베쓰고등학교 미술 교사인 무라쇠 씨가 유빙의 아름다움에 매료되어 '일요그림교실'을 열어서 주변 학생들을 지도했다. 1961년 아이누 문화와 미술을 연구해 온 다나카(田中峰雲) 미술 교사는 유빙이 생활의 장애도 있지만 관광자원이 될 것으로 믿고 겨울철 유빙축제 개최를 관계자에 제안했다. 무라쇠는 1964년 오호츠크 유빙전을 개최하고 유빙의 아름다움을 일본 전국에 홍보했다.

그 후 유빙쇄빙관광선의 취항에 따라 유빙의 관광 이용이 확대되었다. 몬베쓰시는 1982년 유빙의 도시를 선언하고, 북해도립 오호츠크 유빙과학센터가 1991년에 개관하는 등 유빙은 관광자원화 되어 사회적으로 그 가치가 인정되었다. 몬베쓰시의 재정 규모가 98억 엔인데 고향납세 기부금이 152억 엔으로 고향납세의 실적도 2021년 전국 1위를 차지했다.

산촌 마을 전체를 하나의 호텔로
-고스케 마을의 혁신

동경에서 북쪽으로 약 2시간 가면 동경만으로 흐르는 다마가와(多摩川)의 원류지역에 있는 야마나시현 고스케(小菅) 마을에 도착한다. 마을의 약 95%가 삼나무와 히노키 등 산림에 둘러싸여 있고 수자원도 풍부하다. 산림의 30%가 동경도가 관리하는 보호림으로 되어 있다.

산림욕 전문 가이드 안내-지역 발전의 디딤돌

2023년 6월 19일 오랜 친구와 함께 1박 2일 고스케 마을 체험 여행을 했다. 오전에 숙소에 도착하여 관내 국도의 역에서 온천욕을 하고 삼나무 숲길을 걸으며 산림욕을 했다. 이 지역 온천수는 수소이온 농도가 매우 높고 독특한 알칼리성 온천수로 유명하다. 산림욕 전문 가이드를 붙여서 의료 기관과 함께 건강증진 효과를 높일 수 있도록 고품질 프로그램으로 상품화해서 지역 발전의 디딤돌을 만들었다. 산림 테라피(Forest therapy) 길을 정비하고 산림 메디컬 트레이너라는 전문 가이드를 양성해서 치유의 숲속 숙박시설도 만들었다. 메디컬 트레이너는 나가노(長野)현 시나노(信濃)에서 매년 30명을 모집하여 산림 메디컬 트레이너 강좌(수강료 2만 4천 엔)를 개설하고 자격증을 수여한다.

일본에서의 산림 테라피는 도시 생활로 스트레스를 받고 있는 일반 도시인을 목표로 한다. 산림의 치유 기능이 널리 인정되고 있으며 농촌 지역 경제 활성화의 진흥 수단으로 활용되고 있다.

고스케 마을은 그 인구가 30년 전에는 2,200명이었으나 현재 700명으로 줄어서 폐촌 위기에 처했다. 읍장은 고향의 소멸이라는 위기의식을 가지고 지역 주민 모두의 지혜를 모아서 지역의 유지 발전을 위한 길을 찾기로 마음먹었다.

후나기 나오요시(船木直美) 읍장은 읍의 직원과 읍장으로 22년 간 근무하면서 자택에서 읍사무소까지 매일 3km를 40분 정도 걸어서 출근한다. 왕래하는 도중에 주민들의 여러 가지 이야기를 들었다. 오래된 민가를 활용해서 고스케 전체를 하나의 호텔로 하는 프로젝트(nipponia)도 길에서 주민들에게서 들은 이야기가 단초였다.

컨설팅 회사 사토유메의 사장 시마다 슌페이(嶋田俊平)는 이름도 알려지지 않은 마을에 활성화 계획서를 만들어 주는 것으로 끝내지 않고 사업이 궤도에 오르기까지 지역에서 함께 살며 실천한다는 목표로 '사토유메'라는 회사를 창업했다. 시마다 씨는 유년기 때 일본어 교사인 부모 덕분에 자연이 풍요로운 태국과 인도 등에서 살았던 추억이 무척 그리웠다. 그는 성인이 되어 소득을 얻는 것보다 자연과 함께하는 생활이 그리워서 이를 실행하기 위해 사토유메를 창업했다고 한다.

농촌 관광객 분류 – 30% 주민, 50% 주민, 100% 주민

시마다 씨의 저서 『700명의 마을이 하나의 호텔』에서는 농촌을 찾아오는 관광객을 세 가지로 분류한다. 첫 번째로 자주 찾아오는 관광객을 증가시키기 위해서는 각 계절마다 관광 정보와 특산품 정보를 착실하게 제공해야 하는데, 이들 관광객을 교류인구로 보고 '30% 정도'의 지역 주민으로 설정한다. 두 번째의 관광객은 지역의 축제 등 행사에 참여하고 고향납세를 하는 관광객으로 '50% 정도'의 지역 주민으로 설정한다. 세 번째의 관광객은 은퇴 후 지역으로 이주를 결심한 관광객으로 정주인구가 된 셈이고 '100% 주민'으로 설정한다.

마을 전체를 하나의 호텔로 생각하고 프론트는 마을의 입구에 1개소 있다. 마을 호텔에서는 24절기에 따라 지역의 식자재를 사용해서 전통 요리를 제공한다. 150년 된 오랜 된 민가 호텔은 1박 2식에 3만 3천 엔이다. 참된 풍요와 여유가 무엇인지, 행복이 무엇인지, 진정한 풍요와 여유를 재발견하는 계기를 만들어 주는 호텔로 평가 받고 있다.

마이크로 투어리즘 시대

마이크로 투어리즘은 코로나19로 장거리 여행과 유명 관광지 방문에 대한 심리적 부담이 커지는 가운데 거주지에서 1시간 내외의 근거리를 안전하게 다녀오는 여행 스타일을 말한다. 신형 코로나 감염 확대로 인해 도시 근교로의 여행이 늘고 있다. 이는 유후인에서 잘 나타나고 있다. 고스케 마을은 동경 중심에서 자동차로 2시간 거리이며 자연이 풍요로운 마이크로 투어리즘의 최적의 장소다. 또 고스케 마을의 호텔은 객실이 각각 분리되어 있어서 밀접, 밀집, 밀착이 있을 수 없는 숙박 형태이며 다른 고객들과 접촉이 불가능한 상태로 체크인, 체크아웃, 식사가 가능하고 농업 체험도 가능한 삼밀회피(三密回避)의 숙박관광이 가능한 최적의 장소라는 인식이다. 마이크로 투어리즘은 코로나 이후 새로운 여행 스타일의 탄생으로 보고 있다. 그래서 2040년까지 일본 전국 30개의 농산촌 지역에 이런 형태의 호텔을 기획하고 있다.

마을의 골목길이나 도로를 호텔의 복도로 보고, 국도의 역 직매장을 호텔의 라운지로, 마을의 상점을 기념품숍으로 만들어 간다. 마을 주민 모두가 숙박객의 요구를 해결해주는 세계관을 만들어 가면 마을 전체의 호텔 경영으로 지역경제를 활성화할 수 있다는 것이다. 주민 700명의 작은 산촌 마을이 온통 호텔로 만들어지고 주민 모두가 손님을 맞이하는 산촌 마을의 생활 자체가 도시 고객들이 공감하는 가치가 되고 있다.

건축 150년 된 양잠 농가의 흔적이 남아있는 대가(大家)호텔은 현대적인 감각으로 치장한 실내 분위기와 지붕 밑 부분의 넓은 마루를 개장해서 비밀기지 같은 공간도 인기다. 여기에 천으로 만들어 양쪽에 매달린 흔들

침대에 누워서 정원의 경관을 바라보는 즐거움은 바로 이곳이 지상 낙원이라는 평가다.

20~30대 숙박객의 이야기를 들어보면 이제까지 고스케 마을을 모르고 처음 방문했다는 사람이 90%이다. 이들은 관광으로 온 것이 아니고 '언젠가는 자연의 풍요로운 곳에서 살고 싶으나 아직은 실천할 수 없으니 체험만이라도 미리 하고 싶다'는 생각으로 방문했다.

보통 일상의 식사는 편의점에서 구매한 간편식으로 해결하지만 이 호텔처럼 유기농 식자재로 만든 요리를 즐기는 식생활을 하고 싶었다는 후기도 있다. 마치 도시인의 이상적인 꿈의 체험을 이 호텔에서 미리 체험했다는 이야기다.

'언덕 위의 집' 2동은 고스케 마을의 특징적인 지형인 급경사지 언덕 위 아슬아슬한 지역에 세워진 건축물이다. 모든 방에서 어떤 인공물도 보이지 않는 유일무이의 산악 전망을 볼 수 있는 최적의 관광이 된다. 봄의 신록, 여름의 녹음, 가을의 단풍, 겨울의 온통 설경 등 4계절이 변화하는 자연의 경관을 만끽할 수 있다.

지역 맥주공장 건설

새로 선출된 후나기 읍장은 특산품을 만들기 위해 고심하던 중 물이 가장 좋은 곳이므로 맥주를 만들기로 하고 다마가와 원류 유역인 고스케 마을에 원류 양조장을 건설했다. 상쾌한 향기와 독창성이 있는 맥주를 여러 종류 생산하는데, 일본 내에서는 매우 드문 작은 거품을 만들어내기 위해 용기 안에서 2차 발효를 하는 기술을 개발했다. 2022년 세계맥주

올림픽경기에서 'Far Yeast 동경(東京) 화이트' 제품이 동상을 수상했다.

이 공장에서는 지역사회와 공생하기 위해 지역 농민들과 협력하여 복숭아, 매실, 포도, 토마토 등 지역 내에서 생산된 농산물을 사용한 맥주를 생산한다. 특히 환경에 대한 부담을 줄이기 위해 맥즙의 냉각 시에 발생하는 온수를 탱크 세정 등에 재활용한다. 제조 공정에서 나오는 맥아 가스는 동물 사료로 사용하고 과일 껍질 등은 퇴비를 제조해서 농가에 제공한다. 호텔 종업원들은 숙박객을 만나면 도회지의 소음에서 벗어나 자연 속에서 유유자적하며 몸과 마음을 치유 받을 수 있다고 설명한다.

고향납세제도의 활용을 위해서 독특한 답례품도 개발했다. 지역 원류 맥주 캔 6개에 1만 3천 엔, 지역의 삼나무로 만든 흔들통나무 의자는 10만 5천 엔, 농산물직매장에 인접한 자연 숲 공원 입장권은 1만 엔의 기부로 제공된다.

20대 40명 신규 이주가 목표

후나기 읍장은 마을을 지키려면 매년 20~30대, 40명의 신규 이주자를 확보하고 출생률을 1.4~1.6명으로 높여야 마을이 경제적으로 자립하기 위한 근본적인 조치가 된다고 생각했다. 이러한 고민을 하던 중 교토 인근에 있는 효고(兵庫)현 단바사사야마(丹波篠山)시에 있는 고민가 호텔이 인기가 있다는 이야기를 들었다. 이 지역을 보고 나서 마을 전체를 하나의 호텔로 만들어 지역경제를 활성화하기로 결정했다.

지어진 지 150년 된 빈집 하나를 첫 대상으로 선정하고 호텔 매니저를 구하는 광고를 내자 예상 외로 응모자가 많았다. 직업보다 먼저 미래지향적인 생존방식을 고민하는 젊은이들이 의외로 많다는 점을 이해하게 되었다.

고스케 마을은 다마가와원류(多摩川源流)연구소를 개설하여 지역 활성화를 위해 원류에서 하류에 다양한 정보를 보내고, 어린이를 키우는 가정에 주택 임대료를 보조함으로써 교육 환경을 개선했다. 이로 인해 2014년부터 5년 동안 18가족 65명이 자연 환경과 교육 환경이 좋다는 이유로 이주해 오는 등 가족 전체의 이주가 늘었다. 최근에는 농산촌에서의 생활에 대한 동경이 강하고 소수 학급에서 어린이 성격에 맞는 교육과 자연체험 활동을 중요시하여 이주해 오는 가정이 늘고 있다.

관광객은 미래의 마을 주민

고스케 마을은 여가, 공부, 사회공헌, 자기실현의 장소를 제공함으로써 젊은 층의 관심을 끌었다. 이 마을을 관광하는 사람들을 단순한 일회성 관광이 아니라 넓은 의미에서 미래의 주민이라는 생각으로 대접하기로 했다. 어린이는 지역의 보물이라는 생각으로 학교 교육도 충실히 하고 있다. 신규 이주해 온 사람들은 교육 환경이 좋아서 이주한 가족이 대부분이다. 1인 1대의 PC 제공, 교재비 지원, 각종 검정료 전액 보조, 중학교 3년생 전원 오스트리아 수학여행비 전액 보조 등의 영향으로 어린이가 있는 가정의 이주가 늘고 있다.

고스케 마을을 거점으로 벤처기업 5개 회사가 탄생했다. 그 중에 3개 회사의 대표자는 일본 정부가 파견하는 지역협력대로 활동했던 사람이다. 지역협력대 활동을 기초로 고스케 지역의 자원을 활용해서 창업했다. 크래프트(CRAFT) 맥주 제조 회사도 2020년부터 본사를 동경에서 이 지역으로 이주했다.

드론으로 생필품 공급

산간지 깊은 산골짜기 고령 주민들의 생활용품 구입 시 불편함을 해결하기 위해 드론을 활용한 생필품 구입대행 서비스도 실행했다. 지금 일본이 당면하고 있는 고령화, 인구감소 문제는 고스케 마을에서 가장 심각한 문제로 안고 있다. 고스케에서 해결되면 일본의 미래 전망도 밝아질 수 있다. 일본의 미래를 짊어진다는 생각으로 과제 해결을 위해 도전할 각오다. "아무것도 하지 않으면 농산촌은 소멸될 수밖에 없다. 내가 즐겁게 일하면 모두가 즐거워하고 모두가 즐겁게 일하면 지역사회는 반드시 발전한다"는 것이 읍장의 주장이다.

사상가, 기독교 목사이며 일본인이 존경하는 인물 중의 한 사람인 우치무라 간죠(內村鑑三, 1861~1930)는 "우리 모두는 무엇을 후세에 남기고 갈 것인가? 인간은 누구에게나 남길 수 있는 최고의 유물 하나는 가지고 있다. 그것은 '용기 있는 고결한 생애'다"라고 말했다.

이 읍의 읍장은 가장 존경하는 사람이 우치무라 간죠라고 한다. 그 지도의 영향인지 사회 지도층의 검소하고 정직한 모범적인 삶의 모습을 보여주는 지도자가 일본 사회에 많다.

지속가능한 섬 만들기
-시마네현 아마읍

일본 본토에서 60km 떨어진 오키쇼도 (隱岐諸島)에 있는 아마(海士)읍은 아름다운 자연과 역사와 문화를 배경으로 귀촌한 이주자와 주민이 협력하여 새로운 유토피아를 만들어가는 지역으로 알려졌다. 4개의 유인도와 180개의 무인도로 되어 있고 유네스코 세계지질공원으로 지정될 정도로  풍요로운 자연 환경을 가지고 있다. 두 명의 천황이 유배된 역사가 있으며 지역 주민 모두가 인정이 많은 지역으로 알려졌다.

"필요하지 않는 것은 없어도 된다. 중요한 것은 모두 있다. 결국 없는 것은 바라지도 않는 삶을 즐긴다"는 것이 지역 주민 모두의 캐치프레이즈다. 벽지 섬인 아마읍은 도시처럼 편리성도 물산도 풍부하지 않으나 자연과 주민 모두의 관계는 매우 여유롭다.

아마읍은 약점을 장점으로 바꾸는 발상의 전환을 이룬 벽지 어촌 마을이라고 볼 수 있다. 산업진흥이나 이주 촉진 고등학교 매력화 프로젝트 등 독자적인 정책 방안 등을 수립했다. 그 결과 10년 전까지는 저출산·고령화와 재정 악화로 소멸되는 것이 아닌가 걱정하던 읍에 400명 이상의 이주자가 모여들었다. 지금은 일본 내에서 지방 발전의 톱모델 지역으로 알려지고 있다.

우수디자인상 수상

커뮤니티 디자인에 의한 지역 과제 해결을 목적으로 '스튜디오 L'과 2007년부터 주민 참가형 섬 종합 진흥 프로젝트를 시작했다. 섬사람다운 주민의 행복한 생활을 실현하는 계획을 주민 참가로 이루겠다는 야마우치 미치오(山內道雄) 읍장의 생각을 반영했다. 아마읍 관광협회는 섬 내에서 먹고(島食) 자고(島宿) 활동(島活)한다는 것을 근간으로 새로운 여행상품을 만들었다. 한편 지역 주민들이 모르고 있던 섬의 매력을 귀촌한 사람이 발굴했다. 귀촌자들의 의견을 받아들여 돈육 대신에 소라를 사용한 소라카레를 만들었는데 관광객들에게 인기 메뉴가 되었다. 아마읍의 풍요로운 자연 환경을 이용해서 1차 산업을 성공시킨 사례 중 하나다.

섬에서 운영하는 도숙의 단마옥은 제철 식자재를 사용해서 자급자족하는 생활을 숙박 고객에 제공한다. 숙소 주변의 논과 밭에서 생산한 식자재를 요리해서 맛볼 수 있다. 저녁 식사 후에는 아마읍이 발상지이며 지역문화인 '긴야모나' 춤을 여주인이 시연해 준다. 섬 주민은 일상의 생활이지만 도시인에게는 매우 희귀한 전통문화 체험인 것이다. 관광객을 끌어들이는 아름다운 경관이나 관광 포인트가 없어도 오래전부터 있었던 지역의 유무형의 자원을 활용해서 많은 도시인을 매료할 수 있다는 확신을 얻었다.

지역의 미래를 짊어질 인재 육성

시마네현 오키쇼도(隱岐諸島)고등학교는 섬 내의 유일의 고등학교다. 매년 개최되는 학교 견학에는 육지에서 200명의 학부모가 온다. 커리큘럼은 특별진학과 지역창조 두 가지 코스가 있다. 인재 연결이나 지역학 등 섬의 지역자원을 활용한 교육 활동과 글로벌 시점에서 지역사회를 이해하고, 인재 육성을 위해 유학이나 국제 교류를 실행한다. 본래 시마네 고교 매력화 프로젝트를 발족시킨 배경에는 지역의 인구감소에 따라 고교 입학자 수가 감소했기 때문이다.

오키쇼도고교의 졸업생 90% 이상이 대학 진학이나 취직을 위해 섬을 떠나며, 장래에 섬으로 돌아오는 졸업생 수는 10% 정도다. 섬에 돌아오는 젊은이의 비율이 증가하지 않으면 읍의 입장에서 학교는 더 이상 존속할 수 없다고 생각했다. 그래서 고교 운영 방침을 '지역 활성화를 담당하는 지속가능한 학교 만들기'로 정했다. 섬의 문화를 계승하면서 지역의 미래를 개척해 가는 '지역 기업가정신이 충만한 인재'를 육성하는 것을 목표로 운영한다.

아마읍과 전국을 연결하는 가교

'순의환(巡の環)'은 지역 주민이 주체가 되는 지역 만들기를 목적으로 하여 아마읍에서 출발한 벤처기업이다. 새로운 삶의 방법을 배우는 곳으로 만들어 아마읍이 일본 전국의 모델이 되기 위한 '지역 만들기 사업', 아마읍에서 배움을 살리는 '교육 사업', 아마읍에서 배운 것을 전달하기 위한 '미디어 사업'을 3가지 축으로 활동하고 있다.

아베 히로시(阿部 裕志) 씨는 교토대학과 대학원을 졸업하고 도요타 자동차 회사에서 4년 간 근무하다가 퇴직했다. 그는 2008년에 아마읍에 귀촌해서 주식회사 '순의환'을 설립했다. 글자 그대로 지속가능한 사회를 만드는 것을 사시로 정했다. 그리고 주민 모두의 인간관계에서 상호 신뢰가 기본이고 가장 중요하다고 했다. 자연은 정복의 대상이 아니고 상호 협력의 대상이다. 주민 모두 개인과 회사 그리고 지역사회가 함께 발전하는 사회를 만들어야 한다고 생각하고 이를 아마읍에서 실행했다.

인구 2,200명의 아마읍은 "없는 것은 없다"는 것을 슬로건으로 재정 파탄 직전의 상태에서 17년 만에 780명의 신규 주민을 이주시킨 지역 활성화의 성공 지역으로 유명하다. 이주자의 한 사람인 아베 씨가 설립한 기업 순의환에는 현재 30여 명의 직원이 근무한다. 2021년 출간한 『진화사고(進化思考)』는 출간과 동시에 베스트셀러가 되었다.

아베 씨는 섬의 행복론을 이렇게 말한다. "도시에서는 도저히 불가능한 아마읍이 가지고 있는 장점이 있다. 바로 풍요로운 자연과 아름다운 경관이다. 오랫동안 지켜져 내려온 지역문화, 상부상조의 정신으로 충만한 지역사회, 독특한 기술을 필요로 하는 일자리, 신선하고 안전한 음식,

여유로운 시간과 공간. 도시 지역에서는 억만금을 주어도 불가능한 생활문화가 자랑거리다."

순의환에서는 근해에서 잡은 계절 식자재를 사용한 요리로 아마읍의 매력을 전달하는 '아마카페' 외에도 섬에만 있는 식료품을 취급하는 '아마 웹사이트 백화점'도 운영한다. 이들은 아마읍과 전국을 연결하는 가교 역할을 한다. 아마관광협회는 동경 가구라사카 지역에 섬의 매력을 전달하는 것을 목적으로 '외딴 섬의 부엌'이라는 식당도 운영한다.

섬 전체가 하나의 벤처 기업

섬 내 교류연수센터는 섬 유학을 위해 들어온 학생들이 생활하는 장기 연수자 숙박시설이다. 섬 생활을 하면서 새로운 교육의 방안을 제안하기 위함이다. 일본에서 유명한 디자이너인 니시다 다쿠미(西田拓捻)가 디자인했다.

아마읍에는 '섬 전체가 요리학교'도 있다. 이는 디자이너이자 일본 요리 전문가인 사이토가 디자인했다. 전통적인 식문화인 일본 요리를 가르치는 요리학교이다.

지역 건설 회사는 지역 브랜드 소를 키우는 목장을 운영한다. 섬에서 오랫동안 전해 내려오는 검정색 소를 기르는 '오키(隠岐) 조풍 팜'에서는 연간 120두의 송아지가 탄생한다. 육질 등급 4등급 이상의 오키 출생 소만 오키소 브랜드로 출하한다. 이 지역에는 옛날부터 소를 방목해 왔고 현재 600호가 소를 사육하고 있다. 험준한 경사지를 이동하기 때문에 다리와 위장이 튼튼해서 질병이 없다. 방목지의 목초에는 미네랄 성분이 풍부해서 일본 내에서 최고급 소고기를 생산하고 있다. 관내에서 건설업을 했던 회사가 직원의 고용을 유지하기 위해 오키소 비육목장을 창업했다. 오키소의 소고기가 고향납세 답례품으로 인기다.

이 지역에서는 굴과 오징어가 대량 생산되는데 대도시와 접근성이 어려워 선도가 떨어지기 때문에 판매 가격이 저렴했다. 그래서 CAS라는 급속 냉동 설비를 도입해서 멀리 떨어진 거리를 극복하고 신선한 생선을 도시인의 식탁에 올릴 수 있게 되었다. CAS는 자장 에너지로 세포를 진동시켜서 세포조직을 파괴하지 않고 동결시키는 신기술이 적용된 설비다.

주민 모두가 행복을 실감할 수 있도록 하기 위해 풍요로운 자연과 조화를 이룬 아름다운 풍경, 오랜 역사를 가지고 계승되어 온 지역문화, 상호 협력하는 상부상조의 정신을 유지하는 지역사회 그리고 신선하고 안전한 농식품, 여유로운 시간과 공간에서 생활하는 오키 섬만의 행복을 계속 유지·보전하기로 했다. 귀촌한 사람들은 일본 본래의 자연 풍경이 남아있는 섬의 생활이 '미래 인류의 바람직한 생활 방식'이라고 굳게 믿고 있다. 그래서 이 섬에서 살고 있는 원주민들을 존경하고 섬의 생활 방식을 적극적으로 배우기로 했다.

고향납세 답례품으로는 섬에서 사육한 흑모 소고기 구이 400g에 기부금 2만 5천 엔, 아침에 잡은 생 오징어 1kg에 기부금 1만 엔, 고급 굴 500그램에 기부금 1만 엔이면 배달된다.

야마우치 미치오 읍장의 개혁 정신

야마우치 미치오(山內道雄) 읍장은 불요불급한 세출예산을 삭감하기로 하고, 읍장은 50%, 과장급은 30% 월급을 삭감하는 등 일본 내에서 가장 월급이 적은 공무원으로 알려졌다. 아마읍은 뼈를 깎는 개혁으로 오늘의 아마읍을 탄생시켰다. 농촌 지역 지자체의 활성화를 위해서는 지도자의 역할이 중요하다. 아마읍도 개혁파 야마우치 읍장이 선출되면서 모든 직원들이 고향을 살리기 위해 마치 물고기가 물을 만난 듯 적극적으로 행정의 개선에 나섰다. 불필요한 직급을 폐지하고 직원 수와 의원 수를 삭감했다. 지역 주민에게도 위기의식이 전달되어 자기들의 고향은 자기 스스로 지킨다는 생각이 널리 퍼져 주민 모두 여기에 동참하는 분위기가 조성되었다.

전 직원과 지역의 유지들 모두가 오이타(大分)현 오오야마(大山)농협의 지역경제 활성화 사례를 견학하고 나서, 외부자의 시점으로 섬의 보물을 찾아서 이를 상품으로 개발하기로 했다. 다양한 교류로 새로운 지역의 가능성을 발굴하고 자기 자신의 새로운 가능성에 도전함으로써 지속가능하고 행복한 사회를 창조할 수 있었다.

아마읍은 성공 사례가 아니고 도전 사례이며 농촌 지역 개혁의 백과사전으로 알려지고 있다. 아마읍 주민들은 인간으로 태어나서 실패하고 싶지 않다는 생각으로 지역다움을 살리고 계속해서 도전할 각오라고 한다.

지구촌을 살리는 신토불이

"토양이 건강하지 않으면 인류의 건강은 있을 수 없다." 이는 프랑스의 외과의사이며 노벨 생리의학상을 수상한 알렉시스 카렐(Alexis Carrel)의 말이다. 토양 오염과 인간의 건강 문제를 가장 쉽게 의학적으로 표현한 지구촌의 전 인류를 향해 경고하는 메시지다.

안토니우 구테흐스 유엔 사무총장은 예언자처럼 지구촌의 미래에 대해 이렇게 말했다. "인류는 지옥의 문을 열었다. 인류의 미래는 우리 손에 달려있다. 산업화시대 이전에 비해 지구의 온도가 2.8도 높아지는 위험하고 불안정한 미래가 기다리고 있다."

지구촌의 자연 환경과 생명을 지키기 위한 여러 나라의 활동을 보면 표현하는 단어는 다양하다. 하지만 이를 한마디로 줄인다면 모두 '신토불이'의 범주 안에 있다.

신토불이는 에코마크(Eco Labelling)다. 에코마크는 일본이 시행하는 세계적인 친환경 라벨로 평가 받는다. 단순히 재활용 측면에서만 검토되는 것이 아니고 자원 취득부터 제조·유통·폐기 등 6단계의 상품 라이프 사이클에 걸쳐 지구온난화 방지와 자원 절약 생태계 보존 등을 종합적으로 평가하는 제도다. 한국에서도 환경마크협회가 일정기준에 따라 제조 및 유통 단계에서 환경 개선 효과가 큰 제품에 에코마크를 부여한다.

우리나라 지역화폐도 신토불이의 하나

한국에서는 신토불이 개념으로 지방을 발전시키기 위해 지역화폐를 발행했다. 각 지자체가 발행하는 지역화폐는 특정 지역에서만 통용되는 대안적 화폐이다. 지역화폐는 백화점이나 대형마트에서는 사용이 불가능하고, 동네 상점이나 골목 상권에서 사용할 수 있도록 하여 골목상권 활성화를 꾀하는 취지로 발행한다. 지역화폐는 신토불이 화폐인 셈이다.

푸드 마일리지는 먹을거리가 생산자 손을 떠나 소비자 식탁에 오르기까지의 이동 거리를 뜻한다. 푸드 마일리지는 곡물과 축산물, 수산물 등 수입 품목을 대상으로 생산지에서 소비지까지 식품 수송량(t)에 수송 거리(km)를 곱해 계산한다. 푸드 마일리지가 크면 에너지 소비도 많고 환경에 악영향이 발생한다. 지구촌 환경을 위해 푸드 마일리지가 적은 농산물을 소비해야 한다. 푸드 마일리지는 신토불이를 숫자로 표현한 셈이다.

SDGs(Sustainable Development Goals)는 유엔 지속가능발전 정상회의 2030 의제에 의하여 사람과 지구의 번영, 자유와 보편적 평화를 위해

2016년 합의된 국제적인 행동 계획을 말한다.

국제연합총회가 2015년 개최한 유엔지속가능발전 정상회의에서는 사람과 지구의 번영, 자유와 보편적 평화를 위한 행동계획으로 '2030 지속가능발전 의제'를 합의했다. 이를 토대로 2016년 3월, 유엔은 회원국에 17개 목표, 169개 세부 목표, 241개 지표로 구성된 SDGs를 수립하여 이행을 요구했다. 국내에서는 '지속가능발전법', '저탄소 녹색성장기본법', '국제개발협력기본법' 등의 법안을 통해 유엔의 SDGs에 대한 개별 목표를 이행하고 있다. 환경보전을 위해 에너지절약 등 17개의 목표는 바로 신토불이 개념과 일치한다.

RE100은 '재생 에너지(Renewable Electricity) 100%'의 약자로, 기업이 사용하는 전력량의 100%를 2050년까지 풍력·태양광 등 재생 에너지 전력으로 충당하겠다는 목표의 국제 캠페인이다. 2014년 영국 런던의 다국적 비영리기구인 '더 클라이밋 그룹'에서 발족한 것으로, 여기서 재생 에너지는 화석연료를 대체하는 태양열, 태양광, 바이오, 풍력, 수력, 지열 등에서 발생하는 에너지를 말한다. 각 가정이 사용하는 에너지를 자기 마당에서 생산해야 한다는 의미로 EIMY(Energy In My Yard), 즉 신토불이 에너지를 주장한다.

RE100 가입을 위해 신청서를 제출하면 본부인 더 클라이밋 그룹의 검토를 거친 후 가입이 최종 확정되며, 가입 후 1년 안에 이행계획을 제출하고 매년 이행상황을 점검받게 된다.

국내 기업 중에서는 SK그룹 계열사 8곳(SK㈜, SK텔레콤, SK하이닉스, SKC, SK실트론, SK머티리얼즈, SK브로드밴드, SK아이이테크놀로지)이 2020년 11월 초

한국 RE100 위원회에 가입신청서를 제출한 바 있다.

신토불이와 고향사랑기부제

고향사랑기부제는 기부자가 지방자치단체에 기부하면 세제 혜택과 함께 지역 특산품을 답례로 제공하는 제도다. 한국은 저출산·고령화로 인한 지방소멸 위기에 대한 대응책으로 고향사랑기부제를 2021년 10월 19일 제정해 2023년 1월 1일부로 시행했다. 우리보다 먼저 저출산·고령화를 겪은 일본의 경우 2008년부터 고향납세제도 운영을 통해 수도권 인구집중과 지방소멸에 대응하고 있다. 약 30%의 일본 지자체에서 인구가 증가하는 등 유의미한 효과를 보고 있다.

우리나라에서 시행하는 고향사랑기부제의 기부 주체는 개인만 해당하며 법인은 해당하지 않는다. 또한 거주 지역을 제외한 전국 모든 지자체를 대상으로 기부 상한액은 1인당 연간 500만 원이다. 지자체는 기부금의 30% 이내에서 답례품을 제공하며, 10만 원까지 전액 세액공제 된다. 초과분에 대해서는 16.5% 공제가 적용된다. 가령 100만 원 기부 시 10만 원과 나머지 90만 원의 16.5%인 14만 8천 원을 더한 24만 8천 원의 세액공제를 받을 수 있다. 고향사랑기부제는 바로 지방을 살리고 환경을 살리자는 것이다. 신토불이의 생활화가 필요한 시점이다.

농촌 지자체의 소멸은 국가 멸망의 지름길

이웃나라 일본은 농촌 지역 지자체의 소멸은 국가 멸망의 지름길로 인식하고 있다. 농산촌 지역의 지자체와 자연 환경을 유지 보전하기 위해 기업과 개인이 약 3,700개의 다양한 자연학교를 운영한다. 자연학교는 사람과 자연을 연결하고 환경을 보존하기 위한 중추적인 사회 교육 기관, 즉 신토불이 교육 기관으로 보인다. 특히 도요타 자동차 회사는 기후(岐阜)현 전통 마을인 시라카와촌에 자연학교를 운영한다. 일본에서 유명한 극작가인 구라모토 씨는 북해도의 후라노 지역에 있는 폐쇄 예정의 골프장에 나무를 심어서 산림으로 복원하는 자연학교를 운영하고 있다.

흙은 인류의 마지막 생존 터전이다. 흙의 생태계 오염 방지는 인구증가를 어떻게 둔화할 수 있는가에 달려있다. 흙의 생태계가 인간의 최후이자 최대의 생존 터전이라는 사실을 정치, 경제, 교육 등 모든 분야에서 최우선적인 현실 과제로 인식해야 한다.

기후 경제학자 홍종하 교수는 재생 에너지를 늘리지 않으면 사람도 죽고 경제도 죽는다고 말했다. 코로나19 팬데믹은 백신을 개발하여 치유하고 있지만 기후 팬데믹은 고칠 수 있는 백신이 없으며 지구가 망가지면 끝장난다는 주장도 있다.

위의 모든 다양한 활동을 종합적으로 총괄 표현할 수 있는 것은 바로 우리가 오랫동안 실천했던 '신토불이'라는 점이 분명하다. 오히려 어느 구호보다 호소력이 있고 이해하기가 쉽다. 지속가능한 국가, 사회는 물론 지구촌 전체를 살릴 수 있는 신토불이 복권을 강력히 요청한다. 신토불이 운동으로 지구촌을 살리자.

지 방 을 살 리 는
조 용 한 혁 명

|

고향사랑기부제의 현재와 미래

고향사랑기부제는
지방소멸을 막을 마지막 비상구

　우리나라에는 255개의 지자체가 있다. 지자체에 속해 있는 마을 중에는 인구감소와 고령화로 존속 여부가 불가능한 곳이 헤아릴 수 없이 많다. 오랫동안 선조들의 피와 땀으로 형성된 전통문화와 생활이 소멸되어가고 있다. 소중한 한민족의 자산이며 인류의 자산이 사라지고 있는 것이다. 한 번 잃어버린 고향의 문화와 경관은 되돌릴 수도 없을 것이다.

　2023년 1월부터 고향사랑기부제가 도입되었다. 각 지자체들은 위원회를 구성하고 지혜를 모아 고향사랑기부금을 활용하고 지역사회의 활력을 되찾고자 노력하는 모습이 보이며 신문과 방송의 광고도 보인다.

　고향사랑기부제는 일본의 고향납세제도와 유사하다. 일본에서는 1970년대 다나카(田中) 수상이 일본열도개조론으로 국토의 균형 발전의 필요성을 주장했다. 1985년에는 다케시다(竹下) 수상에 의해 고향창생 사업으로 각 지자체마다 조건 없는 3천만 엔을 주고 지역 발전을 위해 사용하도록 했다. 그리고 2008년에 아베(安倍) 수상에 의해 고향납세제도가 법제화되었다.

고향납세제도 도입 초기에는 도시에 거주하는 출향민을 대상으로 고향에 후원하도록 강조했으나 최근에는 모든 국민을 대상으로 하는 거버먼트 크라우드 펀딩(GCF) 방식을 통해 지역사회 현안 문제를 해결하기 위한 수단으로 확대되는 경향이다.

일본의 고향납세제도도 도입 초기에는 국민의 관심도 적고 실적도 미미했다. 그 후 제도 개선과 모금을 위한 민간 사이트가 탄생하고 이들의 상호 경쟁과 홍보 등으로 지역경제 활성화에 성공한 지자체가 다수 나타나고 있다. 매년 각 지자체별 고향납세 1·2·3등의 실적이 발표된다. 이는 다음 지자체장의 선거에도 영향을 미친다.

일본 고향납세제도의 의의

일본 총무성은 고향납세제도의 3가지 의미가 있다고 발표했다.

첫 번째는 납세자의 선택이다. 세금은 국민의 의무로서의 납세이고 강제적 징수라는 특성을 가지고 있으나 고향납세는 납세대상을 납세자가 선택할 수 있다는 점이다. 기부하는 지방자치단체나 사용처를 선택함으로써 납세의 중요성을 자각하는 소중한 기회가 된다.

두 번째는 고향의 소중함이다. 출신지나 관계가 있는 지역 거주 지역을 응원하고 싶어 한다.기부를 통해서 고향을 생각하고 지방자치단체를 응원하는 소중한 기회가 될 수 있다.

세 번째는 자치의식의 향상이다. 전국의 지방자치단체는 고향납세를 통해서 혜택을 보기 위해 지역의 매력을 홍보할 필요가 있다. 기부를 받을 수 있는 지역을 만들고 지역의 메리트를 홍보할 필요성을 느끼게 된다. 일본 총무처의 발표를 보면 납세자가 기부하면서 기부금의 사용처를 선택할 수 있는 지방자치단체가 97%이다. 크라우드 펀딩형의 고향납세가 현재는 16%이지만 점진적으로 늘고 있는 경향이다. 크라우드 펀딩에 의한 고향납세는 제도 도입 당시의 이상형이면서 고향납세제도가 점진적으로 진화한 형태로 보고 있다.

고향사랑기부금을 지방의 귀중한 재원으로 보고 이후로도 계속하기 위해서는 기부자의 답례품 수령으로 관계가 종료되는 것이 아니고 새로운 시작이라는 생각으로 접근해야 한다. 또한 창설 당시의 이념인 고향을 위해 도움을 주고 싶다는 납세자의 메시지와 그 뜻에 의해 기부된 소중한 자금이 고향의 발전에 도움 되는 모습을 가시적으로 보여주어야 한다.

지방 발전의 3대 핵심요소 – 정보, 인재, 재정

지자체는 예산 확보만이 아니고, 기부를 통해서 외부 사람이 지역에 관심을 가지도록 하는 관계성을 만드는 것이 매우 중요하다. 교류인구, 관계인구, 고객, 후원자 등 다양한 사람과의 관계가 성립되면 지역에 활력을 주는 것은 틀림없다. 외부의 인재(人材)를 인재(人財, 재산)와 인재(人劑, 약)로 전환해 활용함으로써 지역사회의 발전으로 연결될 것으로 본다. 지방 발전의 3대 핵심요소는 정보와 인재 그리고 재정이다.

우리와 일본은 고향에 대한 국민의 생각에 있어 차이가 있다. 일본은 산업화 이후 고향을 떠난 세대가 2~3세대 지났기 때문에 애향심이나 고향에 대한 관심과 애정이 우리에 비해 다소 부족하다. 그러나 우리는 도시주민의 대부분이 고향을 떠난 1세대이므로 깊은 애향심과 추억을 가지고 있다. 이 점이 우리에게는 큰 자산이라고 생각한다. 제도의 이해를 높이고, 지자체가 진정성을 가지고 지역의 발전을 위해 차별화된 사업을 제시하며 고향사랑기부제에 동참을 호소하면 획기적인 지역발전 사례도 나올 것으로 믿는다.

일본은 고향에 대한 향수심이 부족하므로 고향납세라는 용어에 강제적인 의미를 부여했으나 우리는 고향을 떠난 1세대가 국민의 주류를 이루고 있으므로 '사랑'이라는 용어를 사용했다고 본다.

지구촌의 시대적 흐름에 있어 지구온난화 문제의 해결과 전 국토의 균형 있는 발전을 위해 고향사랑기부제가 적극적으로 활용되어야 한다. 지구촌의 과제인 SDGs 목표를 달성하기 위해서도 인구의 도시집중 과밀화를 해소하고 지역이 고루 발전해야 한다.

한 국가 전체 인구의 50% 이상이 수도권에 사는 극심한 집중 현상은 인류의 삶의 질 문제는 물론 국가의 안보를 위해서도 개선되어야 한다. 지방의 소멸은 지방만의 문제가 아니다. 국가 멸망의 지름길이다. 고향사랑기부제를 도입한 이유도 여기에 있다.

그러나 현재의 법으로는 규제가 너무 심하다는 생각이 든다. 기부 플랫폼도 서로 경쟁하며 발전해야 한다. 현재 우리나라의 고향사랑기부금법은 관계 공무원이나 제3자가 전자매체 등을 통해 기부금을 권유하는 것을 금지하고 있다. 현 시대에 살지만 SNS 등 전자매체는 사용하지 말라는 것인가? 이 부분에 있어 개선이 필요하다.

가장 먼저 소멸예상 국가는 한국?

2022년 5월 테슬라의 일론 머스크는 한국에서 출생률이 상승하지 않으면 3세대(90년) 내에 한국의 인구는 현재의 6%(약 300만 명)가 되고 인구의 대부분이 60대 이상의 고령자가 될 것이고 말했다. 지구상에서 한국이 가장 먼저 소멸될 것이라는 예고다.

필자 나름대로 일본의 고향납세제도 시행 현장 견학과 우리 농촌 지역의 현실을 생각해보면 2023년부터 시행된 고향사랑기부제는 1960년대에 있었던 새마을운동에 버금가는 사회개혁운동이 될 것으로 믿는다. 이를 성공시키기 위해서는 농촌 지역의 소멸이 도시, 지방 가릴 것 없이 전 국민의 국가적 중차대한 과제라는 인식의 공유가 필요하다.

평소 농촌이나 고향에 관심이 없었던 도시 주민이 고향사랑기부제를 통해 농촌과 연결고리가 생기고 지역에 관심 있는 사람으로 변하도록 만드는 것이 기부 받은 지자체가 수행해야 할 일이다. 지역 내의 생산자인 농민과 함께 지역의 지지층을 많이 만들고 확대해 가는 것이 소멸가능성이 있는 지자체에서 벗어나 진정한 지방 발전의 길로 가는 처방전이 될 것으로 믿는다.